學富五車，才高八斗

很冷很冷的冷知識

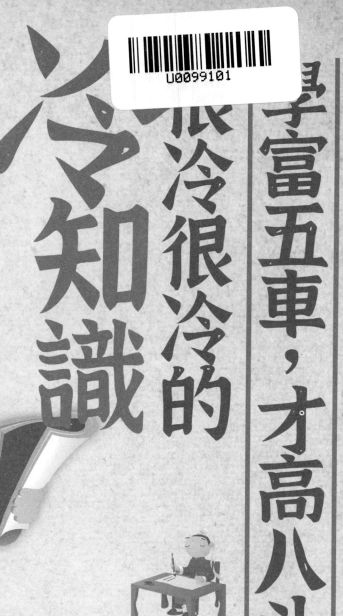

提升關係，製造話題，
訓練「三頭六臂」的跨界能力！

- 為什麼把失敗稱為「敗北」？
- 坐飛機為什麼要發一些食品？
- 銀行為什麼不叫做「金行」？
- 「連中三元」的「三元」是什麼意思？
- 為什麼人類的眉毛長不到頭髮那樣長？

黃蓉/著

前言：
它們不是不重要，只是你從來不知道！

冷知識，是一種「另類知識」，是指瑣碎而龐雜的知識，它們具有濃厚的趣味，隨時充斥在我們的生活裡，但是卻很少人會去注意。其實，它們不僅非常有用，而且相當吸引人。

這些知識看似稀奇古怪，卻可以讓我們增長見識和開闊視野，進而引發我們強烈的求知欲。

不要看這些知識好像對我們的生活無關緊要，絕大多數的人際高手都會為它們著迷，這是為什麼？原因就是：它們可以成為人們在交際聯誼的最佳話題。

無論是在生活中，還是在職場上，我們經常可以發現，有些人因為瞭解許多冷知識而大受歡迎。每當他們說出新奇而且不為人知的故事，或是解開看似簡單其實具有深刻含義的謎團，總是會引來其他人的崇拜與親近，這就是冷知識可以帶給我們的最大好處。

本書集結關於事物由來、謬見禁忌、字詞本義、趣聞雜談等方面的冷知識，有些知識簡單而有趣，有些知識生動而精彩，有些知識深刻而難忘，是一本以趣味性和知識性為主的合集。

這些冷知識具有豐富意涵，讓我們可以在增長知識的同時，也在快樂閱讀中獲得徹底放鬆。

只要掌握豐富的冷知識，就可以展現自己的博學多聞和幽默風趣，成為一個真正的知識達人，使自己的人際關係在輕鬆和諧的氛圍中獲得提升。

翻開這本書之後，你一定會愛不釋手，進而透過閱讀這本書，在短時

間之內變得博學而風趣，成為社交圈中的「閃亮焦點」。

　　這樣一來，就可以達到我們奉獻這本書給你的目的：毫無限制地隨著自己的喜好和興趣來學習各種有趣的知識，因為學習有更多元而未知的可能！

目錄

| 關於生意的那些事 |

| 音樂‧舞蹈 |

| 關於比賽的那些事 |

| 事物由來 |

| 謬見‧禁忌 |

| 字詞本義 |

| 關於中國的那些事 |

| 趣聞雜談 |

| 天文地理 |

| 郵政的故事 |

| 關於國家的那些事 |

| 幾百年以前的那些事 |

| 與日子有關的那些事 |

| 與說話有關的那些事 |

| 與文學有關的那些事 |

關於生意的那些事

市 場的由來

市場，中國古代稱為市井。《全唐詩》有「堤繞門津喧市井，路交村陌混樵漁」之句。市，《說文解字》：「買賣所之也」。《古史考》：「神農作市。」井，最初指水井，原本為井上欄木的象形字，相傳為夏代時期伯益所發明。水井是人們必去之處，由於這裡有飲水和洗滌等便利條件，容易被人們作為以物易物的場所，《史記正義》記載：「古者相聚汲水，有物便賣，因成市，故云市井。」可見，市井是進行商品交換的場所。後來，市井又引申為街市、鄉里、城邦、民眾等意。作為專門從事買賣之所的「市井」，轉變為「市場」二字。

商 人的由來

古往今來，人們為什麼把買賣人稱為「商人」？「商人」一詞的由來，與中國商業的起源與形成，有一段有趣的故事！

在原始社會後期，出現以物易物的交換活動。到了夏代，在社會上出現一部分專門從事交換的人。西元前一千多年，黃河下游居住一個古老的部落，他們的祖先叫做契。由於契在大禹治水時有功，被封為商，這就是古代的商族。契的六世孫王亥聰明多謀很會做生意，經常率領很多奴隸，駕著牛車到黃河北岸做買賣。有一天，王亥在販運貨物途中，突然遭到狄族有易氏襲擊，搶走貨物和隨從的奴隸，並且殺死王亥。王亥有一個兒子叫做上甲微，聽到父親被殺害的消息以後，立刻興兵討伐有易氏。最後，終於滅掉有易氏，商族的勢力也擴展到易水流域。到了孫湯（商族後裔），商族的手工業已經相當發達，特別是紡織業，花色品種優於其他各族。孫湯為了削弱夏的國力，就組織婦女織布紡紗，換取夏的糧食和財

富，把貿易作為政治鬥爭的武器。最後，滅掉夏代的統治者夏桀，建立商朝。商朝以農業為主，定居耕種，手工業也相當發達。

周朝建立以後，商族人由統治者變成種族奴隸。過慣奢侈生活的商族貴族，每況愈下。商族人為了過著更好的日子，紛紛重操舊業，到各處去做生意。久而久之，就在周族人的心目中形成一個概念：做生意的人都是商族人。後來，「族」字也慢慢去掉，簡稱為商人。這個稱呼一直沿襲至今。

商標的由來

商標是商品的標記，俗稱「牌子」。兩千多年以前，中國工匠已經在產品上銘刻姓名或記號；牧民在牧畜上烙印，以茲辨認。

中國最早的商標，可以追溯到北宋時期。當時，濟南有一家姓劉的針鋪店，以石兔為商標，頗負盛名。這個商標是用銅板印刷的，長十二點四公分，寬十三點二公分，近似方形，中間繪有白兔搗藥圖，畫像鮮明突出。圖畫的上端橫寫店名「濟南劉家功夫針鋪」，兩側寫有「認門前白兔兒為記」的條幅，圖畫下擺從左到右寫有關於經商範圍與方法和品質要求的告示：「收買上等鋼條，造功夫細針，不誤它院使用。客轉為販別有加饒。請記白。」這個簡單生動的文字和畫面，不失為一個典型的上佳商標。

國外最早的商標是1473年出現在英國倫敦街頭的張貼印刷商標，比中國劉記針鋪商標要晚好幾百年。

招牌的由來

招牌是店鋪的象徵，可以發揮區分行業經濟性質和經營特點，以及講

求信譽和招徠顧客的作用。

中國古代的商店招牌，大多是用布帛做成的。剛開始的時候，主要懸掛在酒館、棧房、食宿之店，叫做「酒望」、「店招」、「幌子」。招牌作為商店的象徵，在中國至少有兩千三百多年的歷史。「千里鶯啼綠映紅，水村山郭酒旗風」，「征帆去棹殘陽裡，背西風，酒旗斜矗」……在古代一些詩詞名句中，我們似乎可以看到酒家商店的布帛招牌迎風飄舞的秀麗景色。

唐代以後，商業日漸繁盛，商店懸掛招牌逐漸普遍，木刻的、銅鐵鑄造的、粉壁書寫的，各式各樣的招牌相繼出現，並且加上店主的姓名或是另取雅號，形成完整的招牌字型大小。北宋著名畫家張擇端在《清明上河圖》五公尺多長的巨幅畫卷上，畫出當時汴梁（今河南開封）大街上近百家商店各有特色的招牌。

招牌的字型大小也講究意境，如同凝練的詩歌。除了店主用自己的姓名取字型大小以外，一般來說，招牌的字型大小應該根據行業和經營特色，含有確切而耐人尋味的含義。

保 險名稱的由來

保險業發源於哪個國家，專家們還有爭議，但是它在歐洲發展比較早，而在亞洲比較年輕，則是公認的。在歐洲，各國對保險都有獨特的稱呼，中國所說的保險，根據專家考證，很可能來自日語。

中國的保險業是自1835年英國人在廣州設立「於仁保險公司」開始的。那個時候，人們不知道「保險」，只知道「燕梳」，即英文「insurance」的音譯。日本人從歐洲引入保險業以後，譯作「保險」，中國文字中也正好有這兩個字。1871年，中日兩國簽訂「修好條規」和「通商章程」，日本為了向中國擴張其經濟勢力，將保險隨同其他商業一

起輸入中國，才有保險的正式稱呼。1876年，清政府的洋務派撥專款設立「仁和保險公司」，1878年又成立「濟和保險公司」，後來合併為「仁濟和保險公司」。這個時候，保險作為一種商業名稱，開始在中國流行起來。到了20世紀20年代，廣州人把「燕梳」改為「保險」。

第一產業和第二產業的由來

第一產業主要指直接取之於自然界的農業，第二產業主要指加工製造業。「第一產業」和「第二產業」的術語，最早流行於20世紀20年代的澳洲和紐西蘭。他們把農業、畜牧業、漁業、林業、礦業稱為第一產業（即第一次產業），把製造業稱為第二產業（即第二次產業），有些人也主張把礦業和建築業列入第二產業。

銀行為什麼不叫做「金行」？

金子比銀子更貴重，「銀行」為什麼不叫做「金行」？原來，幾百年以來，白銀是中國主要的貨幣，黃金既貴重又稀少，主要用於製造裝飾品和作為財富貯藏，很少進入流通。平時在交易、存款、借貸時，主要是用白銀。後來，隨著金融業務的發展，需要一個專門機構來經營，人們就把這種機構的名稱和白銀聯繫起來，因此叫做「銀行」。

第三產業的由來

第三產業主要指滿足人類除了物質需要以外的更高級需要。「第三產業」一詞，源於英國經濟學家、紐西蘭奧塔哥大學教授阿・費希爾1935年

出版的《安全與進步的衝突》一書。費希爾說：這些術語在某種意義上，與人類需要的緊迫程度有關。他認為，第一產業為人類提供滿足最基本需要的食物，第二產業滿足其他更進一步的需要，第三產業滿足人類除了物質需要以外的更高級需要，例如：生活中的便利和娛樂等各種精神上的需要。後來，在澳洲和紐西蘭的統計部門中，採用三次產業的分類方法。1940年，英國經濟學家柯林‧克拉克在《經濟進步的條件》一書中，廣泛使用第三產業這個概念。後來，克拉克又以「服務性產業」一詞取代「第三產業」。但是事實上，後來的經濟學著作仍然沿用第三產業這個概念，並且把費希爾和克拉克視為這種劃分方法的創始人。

什麼是「泡沫經濟」？

「泡沫經濟」是指以資產（股票或房地產）價格超過常規上漲為基本特徵的虛假繁榮，其直接原因是不切實際的高獲利預期和普遍的投機狂熱。

「泡沫經濟」從表面上看，與一般的經濟高漲有某些相似之處，但是有本質區別。經濟高漲是以正常的需求和投資為基礎，並且是一種週期性現象，但是「泡沫經濟」是由虛假的高獲利預期和投機行為帶動起來，繁榮往往是曇花一現。經濟高漲不僅存在資產價格的上漲，國民收入也同時增長。但是在「泡沫經濟」中，資產價格迅速膨脹，但是國民收入增長慢，兩方面形成巨大的反差。經濟高漲時期，交易活動特別活躍，生產活動也很活躍，因此伴隨實體經濟的發展。在「泡沫經濟」中，交易活躍但是生產停滯，尤其是長期投資部門不景氣，實體經濟發展不快。所以，「泡沫經濟」是被「吹捧」起來的，其實並無太大經濟實績。

有些人認為，「泡沫經濟」有利於資產的流動和轉移，有利於增加財政收入和吸引外資。然而，既然是泡沫就有被吹破的時候，如果泡沫破

滅，其危害是極為嚴重的。首先，「泡沫」破滅表示債務鏈破碎，因此立即會出現支付危機，大量債權就會受到損失，進而引起金融體系的破壞。其次，「泡沫經濟」會導致資源配置扭曲。由於普遍的投機和迅速致富心理，沒有人進行長期投資，普遍追求短期利益，致使基礎設施建設更落後，實體經濟不發達。再次，在「泡沫」破滅之前，幾乎所有參與投機活動的人，都可以迅速獲得高額收益，這種特點激發不勞而獲和迅速致富心理。事實上，經濟發展歸根究底是建立在誠實勞動的基礎上。「泡沫經濟」導致不健康的國民心理，有害於經濟發展。

音樂·舞蹈

搖籃曲的由來

有一天，作曲家舒伯特餓得昏頭昏腦，但是他身無分文。他走進維也納的一家飯館，進去以後，他到處張望，希望可以看見一個朋友。他的目光無意中落到桌上的報紙上，上面有一首小詩。他看了以後，在飯館裡來回走幾趟，為那首小詩譜上樂曲。他把樂曲交給飯館老闆，換來一份馬鈴薯燒牛肉。三十年以後，巴黎的一家商行將這份手稿以四萬法郎的高價出售，這就是後來有名的舒伯特《搖籃曲》。

圓舞曲的由來

圓舞曲又稱為華爾滋，原本是流行於奧地利北部的一種叫做蘭德勒的農民舞曲。最初，它被認為是不能登大雅之堂的粗俗的民間舞，伴隨滑行、平步、旋轉的「圓舞」而演奏。後來，音樂家韋伯和舒伯特以及小提琴家蘭納在自己的作品中運用和發展它，使它的旋律開始豐富而生動，才具有近代圓舞曲的風格。

從18世紀開始，這種舞蹈流行於奧地利的維也納宮廷。19世紀初期，「圓舞」廣泛流傳於歐洲各國城市，並且在舞蹈音樂中佔據重要地位。

圓舞曲的節拍以四分之三拍為主，也有八分之六拍，速度有快、中、慢三種，以小快板居多。演奏的時候，重音放在第一拍上，強調重拍，以配合舞蹈旋轉圓圈的動作。它的結構比較自由，常見的有二段體、三段體、多段體。

史特勞斯還把德國和奧地利的傳統音樂與民間舞曲與人民的思想感情密切連結，使圓舞曲發展到藝術的高峰。

現在通行的圓舞曲，大多是維也納式的圓舞曲，速度為小快板，節奏

明確，旋律流暢。圓舞曲所表現生動的形象、典雅的格調、鮮明的特色，都給人們一種優美的藝術享受。

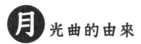光曲的由來

《月光》這個曲名不是貝多芬取的，這個第十四號作品原本的標題是《幻想風的奏鳴曲》，但是現在已經鮮為人知。為什麼《月光》這個標題可以流傳下來，原本的標題反而「失傳」？19世紀的德國詩人兼批評家雷爾斯塔聽到貝多芬的這首樂曲以後，詩情勃發，用文學語言對自己的音樂感受進行極力的渲染和描繪，熱情稱讚作品的第一樂章使他聯想到瑞士的琉森湖，以及湖面上水波盪漾的月光。「月光」二字，引起聽眾普遍的共鳴，以「月光」來概括這首樂曲的音樂形象，立刻迅速傳播。出版商為了賺錢，投聽眾之所好，在出版的樂譜上正式印上《月光奏鳴曲》的標題。

兩百多年以來，大多數的聽眾都按照《月光》的心境去欣賞這首樂曲，覺得第一樂章如海上升明月，希望萌發，微雲所遮，悲涼油然而生；第二樂章如皓月當空，夢入仙境；第三樂章似狂風驟起，濃雲蔽月，遍地漆黑，悲苦而狂呼。貝多芬題名為《幻想風的奏鳴曲》，原本是想要破除常規，將第一樂章的快板和奏鳴曲式改為慢板和幻想風的自由形式，是不落窠臼的獨行者的「自白」。他對於聽眾為自己的樂曲改名並不反對，更願意讓聽眾按照自己的理解去自由想像。於是，《月光》的曲名得以流傳至今，並且因為不可磨滅的光輝而載入音樂史冊。

世界九大交響樂團

維也納愛樂樂團：1842年創建於維也納，目前以「維也納國立歌劇院樂團」名義演出。

芝加哥交響樂團：1891年創建於芝加哥，首任指揮是希奧多‧湯瑪斯。

波士頓交響樂團：1881年創建於波士頓，首任指揮是亨謝爾。1973年以後，由小澤征爾擔任音樂指揮與常任指揮。

費城管弦樂團：1900年創建於費城，首任指揮是謝爾。

克利夫蘭管弦樂團：1918年創建於克利夫蘭，首任指揮是索科洛夫。

皇家音樂廳管弦樂團：1888年創建於阿姆斯特丹，隸屬於阿姆斯特丹音樂廳，首任指揮是凱斯。

巴黎管弦樂團：1967年創建於巴黎，由1828年成立的巴黎音樂學院管弦樂團改組而成，首任指揮是明希。

德勒斯登國立管弦樂團：1548年創建於德勒斯登，它是世界上歷史最悠久的交響樂團。

聖彼得堡愛樂交響樂團：1772年創建的聖彼得堡音樂協會管弦樂團，於十月革命以後改為現在的名稱。

名曲《音樂的奉獻》

1747年的某一天，柏林普魯士國王腓特烈大帝的王宮裡熱鬧非凡，一位著名的演奏家即將來王宮演奏，皇親國戚們紛紛擁到音樂廳，想要一飽眼福。

不久之後，一位氣度非凡的老者走到大廳中央的鋼琴旁，嫻熟地演奏起來。非凡的音樂和驚人的演奏，頓時獲得滿場喝采。國王是一位瞭解作曲的音樂愛好者，情不自禁地寫下主題請演奏家演奏。年過六旬的老人，立即一邊演奏，一邊把它發展成六個聲部，並且按照主題，變奏成風格各異的絕妙樂曲。國王驚羨萬分，讚歎地說：「我的上帝，他真是偉大！」那位老人，就是古典音樂的奠基人——約翰‧塞巴斯蒂安‧巴哈。他即興

創作並且演奏的樂曲，就是後來成為音樂史上名曲的《音樂的奉獻》。

舒伯特的小夜曲

有一天，舒伯特的一個朋友為一位年輕小姐的生日創作一首短詩，他請舒伯特譜寫一首樂曲。舒伯特對這位小姐一無所知，隨便寫下一些音符交給他的朋友，然後抱歉地說：「對不起，我沒有時間寫出更嚴肅的東西。」他的朋友把這首樂曲帶回家，在鋼琴上試彈一下，非常喜歡它。於是，他做出安排，請舒伯特在他們的一個朋友家裡給一群音樂愛好者親自演奏。

到了約定的時間，所有人都到了，只有舒伯特沒有來，哪裡也找不到這位作曲家。女主人快要急瘋了，她派一個舒伯特的好友到全市的酒吧去尋找，終於在舒伯特最喜歡去的地方找到他。當他被不由分說地拽到客廳裡時，他抱歉地說，自己完全忘記這個約會。然後，他立刻彈奏自己那首匆忙地胡亂寫成的樂曲。彈完以後，他不禁熱淚盈眶地說：「我不知道它是這麼美。」這首樂曲就是舒伯特的小夜曲。

藍色多瑙河

《藍色多瑙河》是一首世界著名的圓舞曲，流傳最廣，影響最大，在奧地利被稱為「第二帝國」，它原本是一首有歌詞的合唱曲，史特勞斯創作這首樂曲，是受到匈牙利詩人卡爾・貝克一首詩的啟發，這首詩的結尾寫著：「多瑙河，美麗的藍色多瑙河！」史特勞斯請人填寫歌詞，這首樂曲就創作出來。

提起《藍色多瑙河》，還有一段有趣的傳說。史特勞斯的演出活動繁忙，他的樂思隨時湧流出來，就採用各種方法將閃現在腦海裡的旋律記錄

下來。有一次，史特勞斯徹夜未歸，第二天回家時，換上一件襯衣，他的妻子吉蒂發現衣袖上寫滿音符。吉蒂曾經是著名的歌唱家，她哼唱一下，旋律非常優美動聽，知道這是丈夫記下的樂思，就將它放在一邊。但是髒襯衣很快就被洗衣婦拿走，吉蒂不知道洗衣婦住在哪裡，於是幾乎跑遍全城，終於打聽到下落。這個時候，洗衣婦正要將那件髒襯衣扔到盆裡，吉蒂立刻奪過來，這就是著名的《藍色多瑙河》。

這首合唱曲初次上演時並不成功，史特勞斯也沒有在意，就擱在一旁。後來，他帶樂團到巴黎演出，需要一首新的圓舞曲，史特勞斯想到《藍色多瑙河》。於是，臨時改編為管弦樂曲。一經演出，立刻轟動巴黎，成為世界名曲。《藍色多瑙河》圓舞曲除了序奏和結束部之外，由五首圓舞曲組成。樂曲一開始，弦樂奏出輕柔的音樂，就像水波的浮動，接著法國號吹出最有感染力的旋律，就像河水環繞維也納徐緩流過，使熟悉多瑙河的聽眾產生各種聯想，沒有看過多瑙河的人也可以在腦海中激起河水盪漾的情景。

美國國歌

美國國歌《星條旗》的作者法蘭西斯‧史考特‧凱伊，是巴爾的摩城的一位律師。有一次，他到停泊在乞沙比克灣的英國明頓號戰俘交換船，請求釋放被俘虜的朋友威廉‧比恩斯。英軍答應他的要求，但是當天晚上不准他離船，原因是當天晚上英軍要炮轟美國麥克亨利要塞。凱伊為此甚為憂慮，可是黎明時候，他在船上看到自己國家的星條旗仍然在要塞上空招展，內心激動不已，當場寫出《星條旗》第一段歌詞：「說吧，你可看見，透過一線曙光，我們對著什麼，發出歡呼的聲音？誰的闊條明星，冒著一夜炮火，依然迎風招展，在我軍碉堡上？」離開英國船艦以後，他立刻把其餘各段歌詞寫完。幾天之後，被譜寫成歌曲公開發表，所用的曲譜是一位英國人為倫敦某個業餘音樂家團體寫的曲譜。1895年，美國海軍首

先將《星條旗》當作國歌使用，然後陸軍接著仿效。在1931年以前，美國一直沒有國歌。1931年春天，美國國會通過法案，並且於同年3月3日，經由總統胡佛簽字，正式將它確定為美利堅合眾國國歌。

賽曲

《馬賽曲》完成於1792年奧地利武裝干涉法國革命的危急形勢下，內容表達法國人民爭取民主和反對暴政的堅強信心和無畏精神。作者是一位工兵上尉，名叫魯日·德·李爾。據説，李爾只用一個夜晚就寫成這首歌曲，初名為《萊茵軍團戰歌》。

在法國大革命時期，這首雄壯的歌曲曾經風行一時。馬賽一團志願軍，為保衛革命政府和國民議會，在進軍巴黎的征途上，士兵們高唱著它前進，《馬賽曲》因此得名，後來被正式定為法國國歌。它在第二帝國時期曾經被廢棄，直到第三共和國時期才恢復名譽，再度被定為法國國歌，沿用至今。

搖擺音樂的由來

1932年，黑人音樂家艾靈頓寫下一首名叫《如果不搖擺，就不算什麼》的歌曲，它是新型爵士樂的象徵，也代表搖擺音樂時代的開始。艾靈頓雖然沒有接受正規的音樂教育，卻是一位演奏鋼琴的高手，還在中學念書期間，就表現非凡的音樂和藝術才華，十四歲開始發表音樂作品。中學畢業以後，他放棄美術學院的獎學金，專門從事音樂活動，組成一個爵士樂隊，自己擔任指揮，並且做出大膽的革新。

他的樂隊裡，有小號和長號，也有各種聲部的薩克斯風與吉他和打擊樂器。他們的演奏，具有特殊的「叢林色彩」。小號在獨奏的時候，酷似

狼叫獅吼，還經常使用弱音器來模擬人聲。艾靈頓的音樂不同凡響，樂隊的演奏也是別具風格，深受觀眾歡迎。人們根據《如果不搖擺，就不算什麼》的著名歌曲，將這種特點的音樂稱為「搖擺音樂」。

艾靈頓是一個勤奮的音樂家，他的作品有兩千多首，在音樂史上沒有幾位作曲家可以像他這樣多產，許多歌曲不僅美國人老少皆知，而且名揚世界。

靡 靡之音的由來

「靡靡之音」起源於商朝。當時，有一個叫做師延的樂師，他專門收集和整理樂曲。有一次，殘暴的紂王把師延抓來，要師延專門為他演奏。可是師延演奏的歌曲都不合紂王的口味，紂王要殺死他。師延覺得像紂王這樣的暴君，怎麼可能理解激發人們鬥志的樂曲？他冥思苦想，創作一種名叫「靡靡之樂，北里之舞」的歌舞來應付紂王。

紂王聽了以後很高興，免去師延一死。紂王每天陶醉在這種歌舞中，沒有心思治理國家，不久之後被周武王打敗。從此以後，那種使人們喪失鬥志的音樂歌舞，就被稱為「靡靡之音」。

交 響曲的由來

交響曲，也稱為交響樂，其含義源自於希臘文「聲音一起響」。根據記載，中世紀時期，這個詞語也表示兩個以上的聲音和諧結合。16～18世紀上半葉，又演變成將所有多聲部的聲樂曲都泛指為交響曲。18世紀中葉，義大利歌劇演出極其興旺，劇中的序曲（特別是快一慢一快的結構）為促進交響曲的發展奠定基礎。18世紀後期，交響曲逐漸脫離歌劇，變為自成一格的演奏形式。在當時的義大利，出現許多有三個樂章的交響

曲：快板、慢板、小步舞曲。出生於奧地利的作曲家海頓（1732～1809年），被音樂家們譽為「交響樂之父」。他一生致力於這類體裁的創作，曾經寫下一百二十餘部交響曲，並且逐漸把四個樂章的交響曲作為規範形式固定下來。

貝多芬（1770～1827年）是交響樂王國的「泰斗」，在一般人心目中，他的名字幾乎成為交響樂的化身。他的九部交響曲，寫成於歐洲資產階級革命風起雲湧之際，傾注時代的先進思想和戰鬥熱情，音量廣闊，感情奔放，結構宏大，具有深刻的哲理性。直至今日，仍然被譽為「猶如是九座大山矗立於天地之間」。此時，四樂章交響曲的格式已經基本穩定和成熟，通常是：第一樂章——快板，奏鳴曲式；第二樂章——慢板；第三樂章——快板，舞曲或詼諧曲；第四樂章——快板，迴旋曲式。

關於比賽的那些事

裁判哨子的由來

1875年，在倫敦舉行的一場足球賽中，發生一場球賽事故。雙方隊員為一個得分球是否有效，爭論不休，甚至大打出手。此時，觀眾們出於偏愛，參與爭論，球場亂成一團。

擔任這場球賽的裁判員，是一位名叫約翰的員警。他目擊紛亂不堪的場景，情不自禁地掏出口袋裡的警笛，使勁地吹起來。不料這一次，竟然收到意想不到的效果。參與鬧事的觀眾，以為驚動員警，紛紛退回座位，球場秩序驟然安定下來。自此以後，哨音取代裁判的吆喝和手勢。

體育獎盃的由來

現代的體育獎盃，是由一種叫做「愛杯」的酒杯演變而來，它起源於英國。根據西方史料記載，一千多年以前，英國國王愛德華出征歸來，騎在馬上接受別人敬獻的祝酒，當他仰首痛飲的時候，被刺客從背後猛刺一刀，墜馬身亡。

從此以後，英國人只要舉行各種宴會，主人就會用一個酒杯盛滿美酒，在客人之中依次傳遞，輪流啜飲。每當一位客人起立接過酒杯時，鄰近左右的兩位也必須陪同站起來，以示保護，以免使飲酒者重蹈英國國王愛德華覆轍。後來，這個來賓都要輪流啜飲的酒杯，就命名為「愛杯」。在當時的英國，「愛杯」被視作最珍貴的禮品，贈送給貴賓。

隨著體育運動的蓬勃發展，以及人們對體育競賽的興趣日趨濃厚，人們又將「愛杯」作為獎品，贈送給體育競賽的優勝者，以示祝賀。獲得「愛杯」的人，受到人們的尊敬。這個方式一直流傳至今，而且現代的獎盃仍然保留當年「愛杯」的遺痕——形似酒杯，多數有兩個長耳朵，並且

在稱呼上都有「杯」字，例如：桌球的史威斯林杯和考比倫杯，羽球的湯姆斯杯。

湯姆斯杯和優霸杯賽的由來

湯姆斯杯和優霸杯賽是目前世界上羽球男女團體賽最高榮譽的象徵。

湯姆斯杯是國際羽球總會首任主席喬治‧湯姆斯於1939年創立。1948～1979年，總共舉行十一屆比賽，馬來西亞四次奪冠（一、二、三、七屆），印尼七次奪冠（四、五、六、八、九、十、十一屆）。

優霸杯是英國羽球選手貝蒂‧優霸於1956年創立。1956～1981年，總共舉行九屆比賽，美國在前三屆獨佔鰲頭，日本獲得第四、五、六、八、九屆的冠軍，印尼是第七屆的冠軍。

金牌是金的嗎？

很久以前在歐洲，比賽優勝者獲得的獎賞，是戴上用月桂樹的枝葉編成的圓圈，稱為「桂冠」。1465年在瑞士，頒獎給「三級跳」優勝者一枚金幣代替「桂冠」。

從此之後，用幾種貴重金屬仿造錢幣模樣，做成獎章贈送給體育比賽的獲勝者——冠軍為金質，亞軍為銀質，季軍為銅質。

現在國際性重要比賽獲得的金牌有些是金的（22K或18K）。

奧運會的金牌是用白銀製成，表面是鍍金的，按照規定，其表面鍍金的重量不能少於六克。奧運會的銀牌和銅牌，是按照其名稱用銀或銅製成。這三種奧運會獎牌的直徑是六公分，厚度為三公釐。

在國內比賽中，金牌一般是著一層金粉，銀牌是鋁製品著銀粉，銅牌

是黃色。

馬的由來

國內外的報刊和電台在評論某個轟動體壇的新聞時，經常提到「黑馬」。「黑馬」一詞，究竟出自何處？1831年，英國首相班傑明‧迪斯雷利出版一本小說，名字叫做《年輕的公爵》。小說中描述一匹黑馬，原本被認為奪冠的可能性極小，不料在比賽中竟然一舉獲勝。於是，「黑馬」一詞問世，被體育界用來喻指那些潛心努力和不畏強手而一舉成名的後起之秀。

摔角的由來

摔角是一項十分古老的運動。傳說中，黃帝戰蚩尤的角牴，就是一種摔角。在國外，把摔角列為古代五項運動之首（其他四項：舉重、跑、跳、健美），並且規定摔角一項失敗，其他四項雖然勝利也不能獲得冠軍。

目前世界上被列為奧運會正式項目的摔角運動，分為古典式和自由式兩種。前者也稱為古典式摔角，運動員按照體重分為十個級別進行比賽。他們在高1公尺和面積12×12公尺的塑膠墊上（比賽區域為直徑九公尺的圓圈內）進行比賽，每場比賽兩個回合，每個回合三分鐘，以把對手兩個肩胛骨同時接觸塑膠墊為獲勝。

自由式摔角是由古典式摔角發展而來，比賽方式和體重分級與得分及勝負標準都與古典式摔角相同。二者的區別在於：古典式摔角規定不准用手和腿進攻對手下肢，只可以握抱對手腰以上部分。自由式摔角比較「自由」，比賽的時候可以手腳並用，抱腿、纏足、勾足、挑腿等動作，都是

它的典型戰術。

麻將牌名稱的由來

麻將牌，又稱為麻雀牌、竹城之戰、方城之戰。麻將牌產生於清代光緒年間，起初在中國江浙一帶流行，20世紀20年代初期，被作為「巨額商品」向外輸出，流入西方和日本。當時，英國人認為麻將牌是中國孔子首創。

麻將牌是由明代一種娛樂品——「馬吊牌」變化而來，麻將牌最早的文字記載寫為馬將牌，可見麻將牌名稱的來源與馬吊牌的名稱有關聯。《清稗類鈔》記載：「麻雀牌是馬吊牌一音之轉。」麻、馬二字同音，江浙一帶稱禽類為「刁」，「刁」讀去音就是吊。於是，馬吊就讀成麻雀，麻雀牌因此得名。現在製作麻將牌的材料很多，最初的麻將牌是浙江寧波人用竹子製作而成，玩的時候又要將牌堆放成「口」字形，於是竹城之戰和方城之戰因此得名。

十八般武藝的來歷

古典小說在描寫本領高強的英雄好漢時，總是說他們十八般武藝樣樣精通。「十八般武藝」究竟是如何而來？「十八般武藝」之說，始於明代。萬曆年間，謝肇淛在《五雜組》記載：「正統己巳之變（1449年，明英宗在山西土木堡被敵人所擄，史稱土木之變或己巳之變），招募天下勇士。山西李通者，行教京師，試其技藝，十八般皆能，無人可與為敵，遂應首選。」根據該書記載，十八般武藝為：一弓、二弩、三槍、四刀、五劍、六矛、七盾、八斧、九鉞、十戟、十一鞭、十二鐧、十三撾、十四殳、十五叉、十六耙、十七綿繩套索、十八白打（徒手搏擊）。

十八般武藝也是中國古代各種兵器的通稱，有些史料按照九長九短分為——九長：槍、戟、棍、鉞、叉、钂、鉤、槊、鏟，九短：刀、劍、拐、斧、鞭、鐧、錘、杵、棒。

中國象棋的由來

中國象棋，又稱為「象戲」或「橘中戲」，由先秦時代的博戲演變而來。戰國時代末期，盛行一種每方六枚棋子的「六博」象棋。唐代象棋有一些變革，只有「將、馬、車、卒」四個兵種，棋盤和西洋棋一樣，由黑白相間的六十四個方格組成。宋代，中國象棋基本定型，除了因為火藥發明增加炮以外，還增加士和象。宋代《事林廣記》記載中國目前所能看到的最早象棋譜，比西方15世紀出現的最早國際棋譜早二百多年。這樣一來，就對長期以來流行的「中國象棋起源於印度」的說法提出異議。到了明代，將一方的「將」改為「帥」，就和現代中國象棋一樣。

運動員犯規舉左手

運動員犯規舉左手，起源於古代外國的司法。那個時候，犯人入獄時，要在犯人左手掌刺上符號，以說明此人犯過罪。當一個人被法庭審判時，被告人必須舉起左手，而且指頭要伸直，以便瞭解這個人以前是否犯過罪。後來，這種做法逐漸用到競技場上，運動員舉左手表示犯規。

橋牌的由來

用「bridge」（「橋」的意思）的名字來稱呼撲克牌的玩法，來自於

英國萊斯特郡的一座古老橋樑。

橋牌比賽是在土耳其伊斯坦堡由俄國的移民們以「俄國四人橋」的名字開始的。

住在萊斯特郡的格列托達爾比的兩家人，因為喜歡這種比賽，每天晚上輪流到對方家中比賽。在他們兩家之間，有一座必須經過的但是有坍塌危險的舊橋，夜晚過橋就會更危險。經過此橋去打牌的那家人，回來以後，總是發出如釋重負的歎息：「啊，謝謝，明天晚上應該輪到你的橋（牌）。」這句話就成為口頭禪。後來，不知道什麼時候，就成為「橋牌」。

楚河漢界的由來

在中國象棋的棋盤中間，經常有一區空隙，上面寫有「楚河」「漢界」字樣。這是什麼意思？原來，這是把下棋比喻為歷史上的「楚漢戰爭」。根據史料記載，「楚河漢界」在古代滎陽成皋一帶，北臨黃河，西依邙山，東連平原，南接崇山，是歷代兵家興師動眾的戰場。西元前203年，劉邦出兵攻擊項羽，項羽糧缺兵乏，被迫提出「中分天下，割鴻溝而西者為漢，鴻溝而東者為楚」的要求，從此就有「楚河」「漢界」的說法。

至今，在滎陽廣武山上，還保留兩座遙遙相對的古城遺址，西邊那座叫做漢王城，東邊那座叫做霸王城，傳說就是當年劉邦項羽分別所築。兩城中間，有一條寬約三百公尺的大溝，就是人們平常所說的鴻溝。

事物由來

農曆「正月」的來歷

農曆年的第一個月，傳統的說法是「正月」。為什麼有這種說法？這要從古人為月份命名的方式習慣說起。

古人除了用序數詞標明月次之外，還為各個月份取別名。月份的別稱往往顯示其季節時令的自然特徵，例如：一月的時候，太陽和月亮的視位置同在陬訾這組星宿的空域內，所以稱為陬月。3月是開始採桑養蠶的時節，所以稱為蠶月。9月秋霜肅殺，萬物逐漸凋敝，陰氣侵寒，大地呈現一片灰濛濛的昏暗景象，所以稱為玄月。11月是冬至這個節氣所在的月份，所以稱為冬月。

古人也有注重強調某一月份特定的社會活動內容而為月份取名，例如：12月是一年最後一個月，處於新舊交替的時期，上自王室，下至民間，在這個月裡都要除舊佈新，迎接新生活到來，這個月又稱為塗月，塗即除，以新易舊的意思。再則，每年都在12月借祭百神，這個月就叫做臘月。

在中國古代，1月是天子召集文武朝臣商定一年政治事務的月份，因此這個月也稱為「政月」，即「議政之月」。

物換星移，春秋迭代，七雄紛爭的戰國之後，「六王畢，四海一」，出現一個叱吒風雲威震宇內的秦始皇。他姓嬴，單名「政」字，因此政月這個說法就犯於忌諱。於是，朝廷敕令改為「正月」。但是，「政」、「正」二字讀音仍然相同，又強行變更字音，讀作征月。但是，有些人對此表示懷疑，清代黃生在《字詁》記載：「世傳秦始皇諱政，故民間呼正月之正作征音，此說非也……蓋正月之正本平聲，後人不詳其義，故駕言於祖龍（指秦始皇）耳！」黃生說的「正」字，原本有「征」音，確實有其根據。根據文字學家考證，在鐘鼎文中，有把「正月」寫成「征月」之例，只是比較少見。

另有一種說法，《春秋·穀梁傳》記載：「人君當執大本……故年稱元也……欲其常居正道，故月稱正也。」再者，在中國古代的曆法中，每年的第一個月，各個朝代不盡相同。夏朝以一月為第一個月，商朝以十二月為第一個月，周朝以十一月為第一個月。每個朝代改正一次月份次序，就將更改以後的第一個月叫做「正月」，「正」是改正的意思。漢武帝時期才正式確定農曆一月為正月，一直沿用至今。

時 間為何稱為「光陰」？

各個國家最早發展的科學，幾乎都是天文和曆法。因為人類要生存和發展，就要工作和休息。什麼時候工作適合？什麼時間休息適合？畫興夜寐，最為理想，而且人們對於畫夜的劃分也比較容易把握，因此人類的第一時間概念就是畫夜。白晝是明亮的，是「光」；黑夜是晦暗的，是「陰」。「光」和「陰」合起來，就是畫夜，成為時間的代稱。

另有一種不同說法：「光陰」之「陰」，是指古代「晷」上小棍的陰影。此種說法，就與光陰稱為「寸」連結。

臘 月掃塵之由來

過了臘月二十三日，人們紛紛進行室內外清掃。北方稱為「掃房」，南方稱為「撣塵」。民間多以農曆十二月二十四日為「掃塵日」。

相傳，「掃塵」習俗起源於帝堯時代，「帚」字最早見於甲骨文。陝西出土的商周青銅器上，有「子持帚作灑掃形」銘文，說明那個時候已經通用掃帚掃塵。根據《周禮》記載，每年過年都會「令州里除不蠲」，就是大掃除的意思。《禮記》有「雞初鳴……灑掃室堂及庭」的記事，更說明古人早在2000多年以前已經採用合乎衛生要求的濕式掃塵。後來逐漸

成為風俗，宋代吳自牧《夢粱錄》：「士庶家不論大小，俱灑掃門閭，去塵穢，淨庭戶。」每年從臘月二十日開始到除夕為掃塵日，流傳「臘月二十五，掃房撣塵土」，「臘月二十七，裡外洗一洗」，「臘月二十八，家具擦一擦」，「臘月二十九，髒土都鏟走」的除塵諺語。臘月掃塵，象徵人們辭舊迎新，蕩滌污穢，驅走所有不利的東西，期望來年萬事如意，人畜平安的良好願望。

中國少數民族也有掃塵風俗，例如：傣族新年除夕「麥日」，婦女們把竹樓、寨場、村中道路清掃乾淨，還要拆洗被褥和衣物，擦洗碗盞和所有炊具。蒙古族在臘月二十三日打掃房間或蒙古包，剪紙花糊窗戶，傍晚聚集在屋裡供奉火神，稱為「拜火」。他們認為，火是最乾淨和純潔的東西。

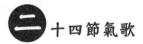 十四節氣歌

立春梅花分外豔，雨水紅杏花開鮮。
驚蟄蘆林聞雷報，春分蝴蝶舞花間。
清明風箏放斷線，穀雨嫩茶翡翠連。
立夏桑籽像櫻桃，小滿養蠶又種田。
芒種玉秧放庭前，夏至稻花如白練。
小暑風催早豆熟，大暑池畔賞紅蓮。
立秋知了催人眠，處暑葵花笑開顏。
白露燕歸又來雁，秋分丹桂香滿園。
寒露菜苗田間綠，霜降蘆花飄滿天。
立冬報喜獻三瑞，小雪鵝毛飛蹁躚。
大雪寒梅迎風開，冬至瑞雪兆豐年。

小寒遊子思鄉歸，大寒歲底慶團圓。

（三瑞：俗稱梅、竹、松為福、祿、壽三瑞。）

 元的來歷

世界上的紀年法有許多種，國際通用的紀年法是西曆紀元，也就是「西元」。

「西元」產生於基督教盛行的六世紀。當時，為了擴大教會的統治勢力，僧侶把所有事情都依附在基督教上。西元525年，一個叫做狄奧尼修斯的僧侶，為了預先推算七年以後「復活節」的日期，提出耶穌誕生在戴克里先紀元之前284年的說法，並且主張以耶穌誕生作為紀元，這個主張得到教會的大力支持。西元532年，把戴克里先紀元之前的284年作為西元元年，並且將此紀年法在教會中使用。西元1582年，羅馬教皇制定格里高利曆，繼續採用這種紀年法。由於格里高利曆的精確度很高，進而為國際通用，故稱西曆。因此，教士所臆造的耶穌誕生的年份，就被稱為西元元年。所謂「西元」，就是西曆紀元。

九 九重陽

近代人研究民俗，大多偏愛掌故。重陽之起始，多以《續齊諧記》所載：汝南桓景隨費長房遊學累年，長房謂曰：「九月九日，汝家中當有災。宜急去，令家人各作絳囊，盛茱萸，以繫臂，登高飲菊花酒，此禍可除。」景如言，齊家登山。夕還，見雞犬牛羊一時暴死。長房聞之曰：「此可代也。」今世人九日登高飲酒，婦人帶茱萸囊，蓋始於此。

這個傳說荒誕不經，實際上重陽興於漢代道學。道家以《易經》的奇為「陽數」，偶為「陰數」。陽數中，「九」為「極陽」，「九九」是兩

極陽相逢，稱為「重陽」。陽示「剛」，重陽為「二剛相逢」，剛剛相剋為「厄日」，登高和繫茱萸是解厄之法。

「重陽登高賦新詩」，此風唐代尤盛。「茱萸插鬢花宜壽」（王昌齡），「強插茱萸隨眾人」（楊衡），「舞鬢擺落茱萸房」（白居易），杜甫《九日藍田崔氏莊》：「明年此會知誰健，醉把茱萸仔細看」，王維《九月九日憶山東兄弟》：「遙知兄弟登高處，遍插茱萸少一人」，至今還是膾炙人口的名句。由此可知，重陽在文人士大夫心目中是結社賦詩和登高望遠之日。

到了漢代，重陽節增添吃「重陽糕」的習慣。古人說話講究口彩，尤其是黃道吉日，「糕」諧音「高」，吃「糕」符合「登高望遠」之規定。相傳，劉禹錫《九日登高》詩中「年年上高處」之「高」應該寫為「糕」，可是當時沒有「糕」字，劉禹錫以「高」代之，以至於被後人取笑：「劉郎不敢題糕字，虛負詩中一世豪」（宋代羅大經《鶴林玉露》）。宋代商品經濟繁榮，汴梁每逢重陽必有糕，糕上插各色小旗代表茱萸，既包含登高意義，又表示插茱萸風俗。

如今，一年一度的重陽節已經成為敬老尊祖之日，也可以稱為敬老節，其意義依然源於「高」，年齡高，輩分高，重陽糕仍然是每年常有。

開齋節的由來

伊斯蘭教曆10月1日為開齋節，開齋節是全世界穆斯林的盛大節日之一。開齋節又叫做肉孜節，「肉孜」是「減食」的意思。

古時候，為了躲避異族統治者的侵犯，人們躲在深山裡，白天不生火，月亮出來以後才開始生火做飯，歷代沿襲，成為習俗。

還有一種說法更為可信。相傳，早在西元624年，伊斯蘭教的創始人穆罕默德在傳教之前，為紀念自己受真主阿拉之命為「使者」和《古蘭

經》首次下降，規定每逢伊斯蘭教的九月為「齋月」。按照伊斯蘭教規定，這個月之內，除了病人、旅行者、孕婦、嬰兒、作戰士兵以外，全世界的穆斯林都要「戒齋」，俗稱「把齋」。每天從破曉到日落間，戒除飲食、娛樂、房事。穆斯林認為，齋戒可以鍛鍊人們的意志和耐力，使富者「感到饑餓者的願望，嘗到別人的痛苦。」只有在夜間，才可以吃一些簡單的飯食。等到29日齋月期滿的時候，由阿訇登樓望月，見到月牙即開齋，如果沒有見到月牙，就封滿30日，次日為開齋節，恢復正常飲食。早在齋日到來之前，人們就要粉刷房屋、打掃庭院、理髮、洗澡，不僅要為節日準備食物，還要縫製節日的服裝。在商店裡，儲備大量的節日貨品。一到開齋節，人們一大早就起床做禱告，男女老少沐浴換裝，探親訪友。

何 謂民國紀年？

西元1911年，辛亥革命推翻中國最後一個封建王朝。1912年1月1日，中華民國臨時政府在南京正式成立，實行共和政體，改用西曆（陽曆）和民國紀年。在此以前，中國封建王朝主要是以帝王年號紀年，例如：西元1662年，清聖祖玄燁即位，年號康熙，這一年就是康熙元年。辛亥革命結束封建帝王的統治，當然不能再沿用這種紀年方法。所以，在中華民國成立之後，改用民國紀年，西元1912年為民國元年，往下推算，民國二十六年就是西元1937年，換算的時候，在民國年數之上加1911，就是西元年數。

情 人節的由來

2月14日，這是一個在西方深受情侶重視的日子。對於沉浸在戀愛中的男女來説，這是包含溫馨和甜蜜的日子。初戀的年輕男女，或許會把握

機會，讓心裡的秘密在兩顆心之間交流，這就是「情人節」。

「情人節」，原本是紀念一個叫做瓦倫丁的殉情者，他是羅馬克勞狄大帝時代的一名牧師。

據說，克勞狄大帝是一位殘暴好戰的帝王，他想要擴張自己的版圖，增強自己的勢力，下令強徵適齡的青年入伍，以實現自己的侵略計畫。但是有很多青年不願意離開他們的情人或妻子，只能想盡辦法逃避兵役。

克勞狄大帝眼見徵兵不順利，心裡十分憤怒，下令禁止男女結婚，甚至禁止談情說愛。年輕男女聽到這個禁令以後，懼於暴君的淫威，敢怒而不敢言。

當時，瓦倫丁牧師挺身而出，對暴君強行禁止年輕男女結婚的命令慷慨陳詞，要他取消這項禁令。同時，瓦倫丁牧師為一些要結婚的年輕男女主持婚禮，讓天下有情人終成眷屬。

克勞狄大帝知道這件事情以後，十分震怒，採取強硬的手段，把這個公然與他作對的牧師抓起來，判刑下獄，然後把他處死。

瓦倫丁雖然在獄中去世，但是他的維護堅貞的愛情和反抗暴政的精神，感動許多在熱戀中的年輕男女。為此，人們在瓦倫丁牧師受刑那一天——2月14日舉行紀念儀式，並且把這一天定為紀念日。這就是「聖瓦倫丁節」即「情人節」的由來。

愚人節的由來

西方國家把每年4月1日作為「愚人節」。在這一天，人們可以任意愚弄別人。這種習俗起源於何時，有許多傳說。其中一種說法是：希臘神話的穀物女神克瑞斯，是薩圖爾努斯的女兒。當她在天堂的原野中嬉遊並且採摘黃水仙的時候，被冥王抓住帶走，成為他的王后。她的母親聽到她哀號的回聲，立刻趕去尋找，但是她已經失去蹤影。這是一項徒勞的任務，

她母親白白奔走。這樣一來，指使那些容易受到欺騙的人去做毫無效果的工作的習俗，就這樣流行起來，並且相沿至今。

另一種說法也許比較可信，據說起源於中世紀格里高利曆取代羅馬時代使用的儒略曆的時候。當時，大多數基督教國家把新年的開始和3月25日起至4月1日結束的這段時間作為節日來慶祝。根據傳統慣例，在這段時間的最後一天，人們贈送禮物給朋友和鄰居。1752年，英國最後採用格里高利曆的時候，新年元旦已經過了。於是，一些喜歡惡作劇的人就在4月1日這一天，連續不斷叫喚和嘲弄別人。

過 生日為什麼習慣吃麵線？

相傳，漢武帝和文武百官閒聊，他說《相書》記載，人中（上唇正中凹痕）長1寸，可以活一百歲。此時，侍中東方朔噗哧一笑，文武百官為此大驚，嗔怪他嘲笑皇帝。東方朔辯解：「我豈敢嘲笑陛下，我是嘲笑彭祖的臉。彭祖活了八百歲，人中應該8寸長，他的臉有多麼長啊！」漢武帝和文武百官聽了以後，哄堂大笑。古人稱臉為面，臉長叫做「面長」。因為人們心裡都有長壽願望，所以流傳過生日吃麵線的習俗。

百 姓原本指貴族

百姓，在古代是對有錢有勢的貴族的稱呼，而不是指普通的平民。

「百姓」一詞，最早見於《尚書·堯典》，是指那些地位僅次於諸侯的「百姓」。《詩·小雅·天保》有「群黎百姓」語句，鄭玄注釋：「百姓，百官族姓也。」《國語·楚語下》記載：「民之徹官百，王公之子弟之質能言能聽徹其官者，而物賜之姓，以監其官，是為百姓。」清代的俞正燮，這位精通經史百家和擅長考據的學者，在他的《癸巳類稿》一書

中，直接明瞭地解釋「百姓」在古代的真正含義：「百姓，專以仕官言之。」總之，「百姓」原本並非指普通平民，而是貴族的總稱。

　　「百姓」用作對平民的通稱，是戰國時期以後的事情。伴隨封建制度徹底取代奴隸制度，稱呼貴族的「百姓」，逐漸演變為平民的通稱。《墨子‧辭過》記載：「當今之主……必厚作斂於百姓，暴奪民衣食之財。」這裡的「百姓」，就是指普通的平民。

寺 有哪些別名？

　　寺，即佛寺或寺院，是僧眾供佛和聚居修行的處所。隨著佛教的傳播，中華大地建造無數寺院，寺也有許多別名。有些人稱它為「香剎」或「香界」。梁武帝姓蕭，梁朝造寺大多書作「蕭寺」，「蕭寺」成為寺的異名。據說佛的毛髮及佛國都是紺青色，因此寺又稱為「紺宇」、「紺園」、「紺殿」。

　　靈祐法師在《寺話》中，詳盡介紹寺的十種異名：一曰「寺」，義准釋書。二曰「淨住」，穢濁不可同住。三曰「法同舍」，法食二同界也。四曰「出世舍」，修出離世俗之所也。五曰「精舍」，非粗暴之所居。六曰「清淨園」，三業無染處也。七曰「金剛剎，剎土堅固，道人所居。八曰「寂滅道場」，祇園有蓮華藏世界，以七寶莊嚴謂之寂滅道場，毗盧遮那佛說《華嚴經》於此。九曰「遠離處」，入其中者，去煩惑遠，與寂滅近故。十曰「親近處」，如行安樂行，以此中近法故也。

　　《祇園圖經》中，有寺的六種別名：一名「窟」，例如：著名的敦煌石窟、龍門石窟、雲岡石窟。二名「院」，為寺宇取名。三名「林」，律曰「住一樹」，經中有「逝多林」也。四名「廟」，這是民間最通行的名稱，例如：《善見論》中的瞿曇廟。五名「蘭若」，杜甫《大覺高僧蘭若》詩云：「巫山不見廬山遠，松林蘭若秋風晚。」六名「普通」，現在

五台山上的寺院尚有此名。

佛門為何吃素？

　　素菜的出現與發展，和佛教在中國的傳播有密切的關係。佛教在漢明帝時期（西元57～75年）傳入中國，按照佛經《戒律廣本》記載，佛門原來也沒有吃素的清規，沿門托缽化齋，施主給什麼就吃什麼，現在有些國家的佛教徒和中國的藏族、蒙族、傣族的佛教徒，仍然不擇飲食。但是，釋迦牟尼的弟子提婆達多主張生活上「極苦」修行，提倡素食，這個主張後來被一些佛教徒接受。中國漢族地區的佛教徒普遍吃素，大約開始於梁武帝時期（西元502～549年）。梁武帝蕭衍篤信佛教，認為佛經提倡的「不結惡果，先種善因」和「戒殺放生」等思想，與中國儒家的「仁心仁聞」的觀點相契合，於是以帝王身分倡導推行素食。從此，入寺吃齋就成為戒律之一。

　　古籍關於素食的最早記載，見於北魏賈思勰所著《齊民要術》。但是，這個時候的素菜並非都是素淨原料，有時候也摻雜葷腥料物。到了唐代，葷素才算徹底劃清界線。佛門也將調料的蔥和蒜視為植物的「五葷」（「五辛」），因其「辛臭昏神伐性」，不予食用。

禮炮鳴二十一響的由來

　　鳴炮迎賓的習慣，起始於四百多年以前。當時，一個國家的軍艦進入另一個國家的港口，規定都要自動放空炮，以表示沒有敵意。由於那個時候的軍艦容積很小，船上裝的炮最多不超過七門，而且都是前膛炮，放起來很麻煩，只能一門一門地放，七門炮放完以後就沒有。對方港口的炮台，秉持禮尚往來的原則，也會放炮表示答謝。因為港口炮台的炮數比軍

艦的炮數更多，而且放起來也不會麻煩，所以一般都以三倍放炮數表示答謝，以表示歡迎。久而久之，這種習慣就成為國際慣例，而且不局限於海軍軍艦進港的時候鳴炮二十一響，成為各種隆重的典禮和迎賓場合經常使用的禮節。

閉門羹

人們將登門求助或拜訪被拒之門外叫做「吃閉門羹」。「閉門羹」一詞源於以下傳說：唐朝時期，宣城有一個名妓叫做史鳳，慕名找她的人絡繹不絕，使她身不得閒，難以應付。史鳳自以為身價不凡，索性公開宣稱，要按照財產、官職、相貌，將來客分為上、中、下3個等級，對3個等級的客人有3種不同的接待方法，最下等的一律拒不相見，只以一餐普通飯菜招待，妓院的人稱史鳳安排給下等人的飯菜為「閉門羹」（羹即普通食品）。由此可見，當時的閉門羹，是作羹待客而不與客相見之意。現在，卻只用作拒絕之意。

耍獅子的由來

遠古時代，獅子曾經廣闊分布於亞洲、歐洲、非洲。中國北京周口店一帶，曾經發現六十萬年以前的獅子化石。由於冰河浩劫等原因，歐亞大陸的獅子漸趨絕滅。中國的獅子在數十萬年以前已經絕滅，後來的獅子是漢武帝派博望侯張騫出使西域以後，從外國輸入的。

根據考證，中國耍獅子的活動開始於魏晉南北朝時期。根據《宋書》卷七十六《宗愨列傳》記載，宋文帝元嘉二十二年（西元445年），宋軍攻伐林邑，「林邑王范陽邁傾國來拒，以具裝被象，前後無際，士卒不能當」。宗愨想到獅子可以威服百獸，命令士兵連夜用麻布「制其形，與象

相禦，象果驚奔，眾因潰散，遂克林邑」。從此以後，耍獅子在軍中開始流行，很快又傳到民間。

到了唐代，耍獅子已經發展成優秀的民間藝術，同時也是流傳很廣的民族儀式。唐代的耍獅子，與現在的耍獅子相差不多。一頭獅子經常是由兩個人穿上一隻獅子「形套」來表演。一個人舉著獅頭，雙足作獅子前肢；另一個人在獅子身尾，雙足作獅子後肢。兩個人必須通力合作，需要強健的體力與嫻熟的技巧相配合。著名詩人白居易有詩《西涼伎》描寫耍獅子：「西涼伎，假面胡人假獅子。刻木為頭絲作尾，金鍍眼睛銀貼齒。奮迅毛衣擺雙耳，如從流沙來萬里。」

還有一種關於耍獅子由來的說法，帶有濃厚的宗教色彩。在獅子輸入中國的那個時期，特別是在耍獅子興起的魏晉南北朝時期，佛教也開始傳入中國。佛教的傳入，引起佛教和道教激烈鬥爭。結果佛勝道敗，佛教終於在中國取得立足之地。據說，本來西漢時期舞虎盛行，但是佛教得勝，舞獅日趨盛行，舞虎漸至消聲匿跡。因為佛經上記載，獅子是文殊菩薩的坐騎，具有鎮邪的本領。老虎相傳是張天師的坐騎，佛勝道敗，張天師的坐騎不好意思在人們的遊戲活動中露臉。

 **碑** 的由來

古時候，人們把立於宮、廟、殿、堂門前的用以識日影及拴馬匹的石樁稱為碑。漢代經學大師鄭玄說：「宮必有碑，所以識日景，引陰陽也……」那個時候的石碑上沒有文字，不具有紀念的意義。

爾後，在人死入葬的時候，人們在墓坑周圍樹立石樁——碑，並且鑿孔，用以繫繩徐徐下棺。這個時候的碑也沒有紀念的意義，只是行葬的時候使用的工具。

隨著時間的流逝，立於墓旁的石碑有些沒有拔除，並且被人們在上面

鐫刻紀念或說明文字，為死者歌功頌德，於是出現「樹碑立傳」的作用，也引導出現在的墓碑。

　　碑在秦代稱為刻石，到漢代才稱為石碑，後來被廣泛借用。紀念碑、墨蹟碑、地界碑、里程碑，應有盡有，成為人類歷史的各種象徵。

過年與守歲的由來

　　「年」在夏朝之前就有。相傳，在原始社會時期，有一種凶猛的野獸叫做「年」，到處噬人，威脅人們的生命安全。人們為了避免「年」的危害，就準備一些食物放在居處外面，讓「年」吃飽以後離開，這樣一來，就可以免遭「年」的傷害。

　　後來人們說的過年，是指過完年終最後一個夜晚，並且把這一夜叫做「除夕」，也稱為「除夜」和「年夜」。這一天晚上，全家人圍爐暢敘，要坐到午夜12點，甚至天明。晉代周處《風土記》記載：除夕之夜，各相與贈送，稱曰「饋歲」；酒食相邀，稱曰「別歲」；長幼聚飲，祝頌完備，稱曰「分歲」；大家終夜不眠，以待天明，稱曰「守歲」。唐代牛肅《紀聞》記載：唐貞觀初，天下義安，時屬除夜，太宗盛飾宮撷，明設燈燭，盛奏樂歌，乃延蕭后觀之。后曰：「隋主淫侈，每除夜殿前諸院，設火山數十，爇沉香木根，每一山焚沉香數車。火光暗，則以甲煎沃之，焰起數丈，香聞數十里。」宋代孟元老《東京夢華錄》記載：是夜，禁中爆竹山呼，聲聞於外。士庶之家，圍爐團坐，達旦不寐，謂之「守歲」。

戒指戴法五信號

1. 戴在拇指上——表示正在尋覓對象。
2. 戴在食指上——表示求婚，想要結婚。

3. 戴在中指上——已經在戀愛中。

4. 戴在無名指上——表示已經訂婚或結婚。結婚戒指不能用合金製成，應該用純金和白金或銀製成，表示愛情是純潔的。

5. 戴在小指上——表示獨身或是已經離婚。

 囪的由來

煙囪是最古老和最重要的防止污染裝置之一。煙囪的發明很早，原始人發現火的時候，同時發現一個道理：哪裡有火，哪裡就有煙。最早的煙囪，就是室內的通氣孔。把「火」帶進室內做飯和取暖的時候，煙也會隨之而入。這樣一來，迫使人們必須在屋頂和牆壁上開設通氣孔，以此來驅除屋內的煙霧。這種方法作為一種規範，已經保留幾十萬年。人類曾經花費很長時間來改進煙囪，過去學術界普遍認為：人類文明的發源地埃及和美索不達米亞氣候溫暖，因此家庭取暖沒有成為緊迫問題。最後，一個法國考察隊宣布他們在幼發拉底河上游挖掘廢墟城市馬里的時候，發現一座配備許多煙囪的大約有4000年歷史的宮殿，進而使上述觀點得到改變。羅馬人在發展設計新穎的熱氣取暖設備的時候，也極大地改進煙囪。但是目前流行的觀點仍然認為，「煙囪」這個概念是1200多年以前由敘利亞人和埃及人與猶太商人從東方引進西歐。

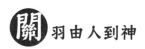 羽由人到神

關羽是三國時期蜀漢大將，被後世尊稱為「關公」或「關帝」。

關羽被中國佛教列為護法的伽藍菩薩，這是根據《三國演義》「玉泉山關公顯聖」的故事演變而來：關羽離開曹營，護送劉備兩位夫人渡過汜水，汜水關守將卞喜在鎮國寺宴請關羽，擊盞為號，企圖殺害他。幸好，

寺中僧人普淨告以密謀，關羽有備而來，殺死卞喜，安然上路。關羽離開之後，普淨收拾衣缽，到玉泉山結茅為庵，坐禪修道。劉備得知此事之後，為了感謝普淨救弟之情，特地為他修建一座普淨庵。建安二十四年（西元219年）八月，關羽大意失荊州，敗走麥城，被呂蒙殺害。他陰魂不散，來到玉泉山上，普淨正在庵中坐禪。經由普淨點化，關羽稽首皈依佛門。後來，關羽經常在玉泉山顯聖護民。後世佛教根據這些神話傳說，把關羽奉為守護佛寺的伽藍菩薩之一。關羽的塑像遍布全國，他手提青龍偃月刀向下，表示「放下屠刀，立地成佛」的意思。隋煬帝時期，他曾經被敕封為「伽藍菩薩」。

使關羽由人向神的轉化，開始於兩宋時期。但是真正把關羽崇拜推到更高更廣的位置是明清時期，特別是清代。明政府對關羽的崇拜，開始於洪武二十七年，敕建廟宇於「雞籠山之陽」，把關羽定為武廟的主神。清代統治者對關羽的崇拜，源自清太祖和清太宗從《三國演義》得來的偶像。崇德八年，於盛京（今瀋陽）敕建關帝廟，皇太極親賜「義高千古」匾額。此後，追封日加，到光緒五年，清政府對關羽的封號已經加至26字：忠義神武靈佑仁勇威顯護國保民精誠綏靖翊讚宣德關聖大帝。清代皇帝經常親詣關帝廟拈香行禮，對關羽的崇祀膜拜達到頂峰。因此，就有關羽「廟祀遍天下」之謂，關羽也逐漸被人們普遍接受，成為禳災祈福之神。

犯 人的來歷

在中古時期的英國，法院開庭審訊刑事案件的時候，被告立刻大叫「無罪」，法官會打著官腔說：「他是有罪的，我們準備證明我們的控訴。」由於審理案件的時候，被告都會呼叫「冤枉」或「無罪」，所以主控官的話語成為千篇一律的公文。這樣一來，記錄口供的執事覺得沒有必要一字不漏地記錄下來，於是把整段話縮短為「Culpable：Prest」（有

罪：準備）兩個字。後來，有些人認為這兩個字還是不夠簡便，又把它們縮短為「Cul・Prest」，以後又縮短為「Cul. prit」。17世紀中葉，這兩個字又被合而為一，成為Culprit，專門指刑事「犯人」。久而久之，各國法庭都把被控有罪的人稱為「犯人」，並且罰以酷刑，集中服其刑役，嚴加看管，不得自由。

指 紋偵破

　　指紋具有各人各指不同和長期穩定不變的特點。因此，指紋技術首先在犯罪同一認定領域中得到廣泛應用。

　　中國是最早發現和利用指紋的國家，但是真正對指紋進行科學研究，還是最近幾個世紀的事情。因為人們認識到指印所產生的各種不同形狀的紋線是比較容易的，運用這些紋線去解決人們的同一認定問題是相當困難的。

　　1686年，馬爾丕哥教授運用當時新發明的顯微鏡，發現指紋的紋線都是從手指頂端的圓環和螺旋線中引出來的，他的論文題目是《指紋紋線放大若干倍》。1823年，德國普克尼教授指出：手指最末端指骨上的紋線，多樣性和差別性非常明顯。他制定一些標準，把紋線劃分為九個類別。

　　1858年，英國駐印度的行政長官威廉・赫雪爾，要求居民在契約上既要簽字又要按指紋，這是第一次由官方規定在很大範圍內運用指紋。1877年，赫雪爾提出一份報告，要求將指印作為鑑定識別犯人的工具，他的報告沒有得到批准，但是赫雪爾卻在自己管轄的省份大力推廣這個方法。

　　1889年，英國科學雜誌《自然》發表福爾茲醫生的論文《識別犯罪的第一步》。文章指出，只要在犯罪現場上發現和提取有關指紋，就可以發現犯罪份子，儘管罪犯可能會透過其他手段對手指進行掩飾，但指紋仍然

是不變的。這個理論被相關部門所接受，成為現代指紋科學中最早提出的理論之一。

現代科學技術的發展，使指紋的分析、儲存、鑑定等工作逐漸擺脫手工操作，走向機械化和自動化，並且利用電腦和雷射技術。

戴黑紗的由來

在右臂佩戴黑紗，這種喪禮起源於英國。

古時候，一個貴族死了，按照禮節，他的奴僕要為他穿喪服致哀。可是奴僕們買不起喪服，怎麼辦？一個聰明的奴僕提議，每個人戴一塊黑紗代替穿喪服致哀。後來，人們發現戴黑紗致哀既簡易又莊重，於是這種簡易的喪禮逐漸傳播到世界各地。

十字架的由來

十字架原本是古羅馬帝國的刑具。西元前500年，西方一些國家把罪犯釘死或吊死在十字架上。相傳，在西元1世紀，耶穌向猶太教群眾宣傳自己的主張，引起猶太教當權者的仇視，把他釘死在十字架上。耶穌死後，他的門人宣揚他死後三日復活升天，是為了救贖世人的罪孽而死，於是創立基督教，並且以十字架作為信仰的標記，在宗教建築物和墳墊上立十字架為標誌。西元4世紀，羅馬的君士坦丁大帝信奉基督教，宣布廢止釘十字架的死刑，十字架純粹是宗教的標誌。

佩戴十字架的人，主要是基督教三大派別的神職人員及某些信徒，也有是在一定場合才佩戴的。這種習俗因為時代、派別、民族而不同。

用手勢畫十字架，不同派別畫法不同，手指的使用形式也不同，一般

用於祈求恩賜或平安，以及祈禱的開始和結束。西方教會（主要是天主教）的畫法有大十字和小十字兩種，東方教會（主要是東正教）的畫法與西方教會不同，不僅可以在自己身上畫，也可以在別人身上畫，新教沒有畫十字架的習俗。

在基督教發展2000多年的歷史過程中，十字架的形式在不同國家有許多變化。目前常見的有11種，全世界有16個國家的國旗是十字架圖案或是包含十字架的圖案。這些反映出歷史上政教合一的現象。

十字架後來成為中立和人道的象徵，被醫療衛生事業廣泛採用。

堂上打屁股的由來

中國戲劇中每有鞭打犯人，鞭子像雨點般落在犯人屁股上，為什麼公堂上多打屁股？原來，從前罰打犯人，並沒有明確的部位，以致很多犯人被活活打死。到了唐太宗時期，有一次他在太醫處看到一幅「明堂針灸圖」，得知人體的重要器官的穴位多在胸背部，這些部位被撞擊拍打會有生命危險，他再看圖中屁股部位的重要穴位就少得多，這對他很有啟發。

唐太宗李世民畢竟是盛唐明君，後來他對刑罰中的罰打做出規定，對犯人不准鞭打胸背部，而是規定屁股作為罰打的部位。從此以後，在公堂上「打屁股」就流傳下來。

特勒為什麼要屠殺猶太人？

第二次世界大戰期間，納粹德國大肆排猶屠猶，大約有六百多萬猶太人慘遭殺害。希特勒為什麼要屠殺猶太人？多年以來，史學家們一直在研究和探索……

原來，歐洲的反猶歷史源遠流長，早期的基督教徒認為猶太人把耶穌釘上十字架，自西元12世紀開始就對猶太人進行週期性迫害、殺戮、驅逐。

希特勒荒謬地把人類分為三個類別，認為猶太人是劣等種族，是文明的破壞者。他還認為在相同的生存和繁殖條件下，劣等種族在數量上發展得更快，就像寄生蟲和細菌一樣，在優秀種族的國度內蔓延滋生，這些謬論的邏輯結論必然是反猶、排猶、屠猶。

希特勒上台以後，在反猶政策中又增添政治和經濟因素，他希望透過反猶來穩定國內政局，並且將猶太人的財產收歸國有，強迫猶太人從事奴隸勞動。在1941年7月的萬湖會議以後，開始大規模地屠殺猶太人。

世 紀的由來

「世紀」一詞來自於拉丁文，意思是100年。現在人們已經把世紀作為計年單位，即每100年為一個世紀。

從耶穌誕生的那一年開始，西元1年至100年為第1世紀，稱為西元1世紀；101年至200年為第二世紀，稱為西元2世紀。我們所處的西元21世紀是指2001年至2100年這100年時間。相反的，從西元元年的前一年往前推算，也以100年為一個世紀，稱為西元前多少世紀。例如，中國西周王朝建立的年代是在西元元年以前的1000年，就可以說它建立於西元前11世紀。

關於上述對世紀起止年代的說法，在世界範圍內是比較傳統的觀點，一些權威人士也著文同意上述說法，人們稱這個定義「世紀」從「1」起「0」結尾「1」再起的派別為「101」派。這一派觀點的核心是：根本沒有紀元0年的說法，而且10是1～10這個數列裡，20是在11～20這個數列裡，例如：1900應該是在1891～1900這個數列裡。

與「101派」觀點截然不同的是「00派」，「00派」主張逢百（逢00）就是新紀元的開始，例如：1900年就是20世紀的開始，2000年就是21世紀的開始。「101派」與「00派」兩種論點的爭論由來已久，1900年伊始，那些認定1900年1月1日是新世紀開始的報刊，紛紛發表社論宣布新世紀的到來。另一些報刊則在一年之後的1901年1月1日，大張旗鼓地宣告新世紀的誕生。

相聲的由來

相聲歷史悠久，溯本求源，有將近兩千年的歷史。漢代司馬遷《史記·滑稽列傳》中，就有優旃說秦的故事。但是真正形成一種藝術形式，做到師徒相傳，則是近代的事情。

根據文獻記載：1908年，英斂之在《也是集續篇》中，稱相聲是「滑稽傳中特別人才」，「其登場獻技，並無長篇大論之正文，不過隨意將社會中之情態摭拾一二，或形相，或音聲，摹擬仿效，加以譏評，」「感動力亦云大矣」。可見那個時候的相聲已經很受群眾歡迎。

清朝同治年間，皇宮裡連年死人，頻辦「國喪」，而且一辦就是三個多月。清政府下令，在此期間禁止一切娛樂活動，不准有笙管笛簫之聲，也不准演員唱戲。許多戲班裡的藝人，只好走出劇場，沿街賣唱。當時，在京戲班有一個唱丑角的名演員，叫做朱少文，被逼無奈，只好改行上街說笑話（就是後來的「單口相聲」）。剛開始，朱少文在北京天橋和隆福寺一帶熱鬧場所「畫鍋」，即用白灰之類的東西在地上畫圈，一邊畫圈一邊唱「太平歌詞」招徠觀眾，然後開始說笑話。他自取藝名「窮無法」，後來人們取其諧音，成為「窮不怕」。相聲演員認為，朱少文就是相聲藝術的開山鼻祖。後來，他收了兩個徒弟，一個叫做「窮無本」，一個叫做「富有根」，朱少文就和徒弟一起說笑話。之後，又經過著名相聲

演員李德錫和張壽臣等人的加工和充實，逐漸形成現在一捧一逗的「對口相聲」，進入書場茶社演出，繼而由北京擴大到天津、唐山、瀋陽、哈爾濱、濟南、西安等地。

相聲藝術，經過一百多年的流傳和演變，現在已經遍及全國各地，成為一種獨具風格和群眾喜聞樂見的藝術形式。

蟬聯的由來

在某個比賽中，如果連續名列榜首，被稱為「蟬聯冠軍」。為何稱為「蟬聯」？

溯其本源，「蟬聯」是藉助於一種昆蟲的特殊生理功能，給人聯想，即要連續奪取勝利。「蟬聯」是蟬演化而成的體育術語，蟬的俗名叫做「知了」，雄性用腹部的發音器來發出聲音，兒童們經常捉蟬來嬉戲，蟬的幼蟲棲息在土裡，吃東西是依靠針狀口器刺進樹枝裡，吸取汁液來維持生命。由幼蟲變為成蟲時，會脫掉蟬殼，軀體在原來基礎上得以延伸，所以稱為「蟬聯」。

因此，在體育比賽項目中，只要是連續奪得桂冠，就有「蟬聯」的說法。

幼稚園的由來

英國著名的烏托邦社會主義者羅伯特‧歐文，在蘇格蘭的一家紡織廠當經理的時候，進行一連串改革。其中一項是在1802年，創辦世界上第一所兒童學校，招收2～6歲的兒童，進行學前教育。給兒童學校定名為幼稚園的人是福祿貝爾，1837年，他在德國巴特布蘭肯堡建立一所「透過遊戲的方式，對兒童進行心理訓練的學校」。1840年的某一天，福祿貝爾在樹

林裡散步的時候，忽然覺得兒童就像樹林中茁壯成長的幼苗，需要園丁的培養和護理，學前教育機構就像花園，因此他就把這種機構取名為「幼稚園」，於是這個名稱就開始在世界各地出現。

謬見・禁忌

孕婦為什麼愛吃酸？

可以肯定地告訴你，懷孕早期愛吃酸是正常的懷孕現象，不必為此擔憂。至於孕婦為何愛吃酸，這要從懷孕以後一連串生理變化談起。

懷孕早期，胃酸分泌量明顯減少，降低消化酶的活性，出現噁心、嘔吐、食欲不振等症狀。酸味可以刺激胃酸分泌，提高消化酶的活性，促進胃腸蠕動，有利於食物的消化吸收，以致孕婦只要吃一些酸性食物，噁心和嘔吐症狀就可以得到不同程度的舒緩，食欲大增。此外，孕婦吃酸還有以下好處：懷孕2至3個月以後，胎兒骨骼開始形成，構成骨骼的主要成分是鈣，但是要使游離的鈣轉化為鈣鹽沉積下來形成骨質，就要有酸性物質參與，所以孕婦吃酸性食物，有助於胎兒骨骼的生長發育。鐵是人體必需的微量元素，是製造血紅素不可缺少的原料，孕婦在懷孕期間往往發生缺鐵性貧血，只有在酸性條件下，鐵元素才會被胃腸吸收，孕婦吃酸性食物有助於改善缺鐵性貧血。

由此可見，孕婦愛吃酸性食物是符合生理及營養需求。吃酸性食物的孕婦，最好選擇既有酸味又有營養的番茄、櫻桃、葡萄、楊梅等新鮮水果，既可以改善懷孕以後胃腸的不適症狀，也可以增進食欲，補充營養。

午睡時間多久為宜？

根據生理學研究，睡眠可以分為兩個階段。第一階段為淺睡眠，一般為40至80分鐘，第二階段為深睡眠。人們一般在睡眠80至100分鐘以後，就由淺睡眠階段轉入深睡眠階段。這個時候，大腦各種中樞的抑制程度加深，腦組織中許多微血管網，腦血液流量相對減少，體內的代謝過程逐漸減慢。如果人們在深睡眠階段突然醒來，關閉的微血管不能同時

開放，會使大腦供血不足，造成暫時性自主神經紊亂，就會氣喘吁吁，心跳加快就像受到驚嚇一樣，有心血管疾病的人就會很危險。因此，午睡時間不宜過長，睡40至50分鐘最適合，也就是在尚未進入深睡眠階段就醒來，既有利於消除身體疲勞，又可以避免出現越久睡越疲倦的情況。

飯後百步走，活到九十九

「飯後百步走，活到九十九」是自古以來人們奉行的養身之道。然而，用科學的觀點加以解釋，此話未必完全正確。

醫學工作者研究認為，有些人特別是老年人，飯後靜坐或是仰臥30分鐘，然後再做活動或參加勞動，有一定的益處。這樣可以保護胃腸健康，增進胃腸功能，進而延年益壽。

因為人們剛吃過飯以後，大量食物集中在胃裡，需要大量的消化液和血液來幫助胃把食物消化掉。這個時候適當休息，全身的血液可以流進消化器官，食物就可以在胃中充分消化。如果飯後立刻活動，血液會被送到全身的各個部位，使胃腸血液供應不足，食物得不到很好的消化。

其次，胃腸消化液的產生，是在食物的條件反射下，才會分泌旺盛。如果飯後百步走，觀看蔚藍的天空和飄浮的彩雲，雖然可以使人心情舒暢，但是對食物的消化未必有益。因為胃腸會在活動中加快蠕動，進而把沒有經過充分消化的食物過早地推進小腸。這樣一來，不僅增加小腸的負擔，而且食物中的營養素也得不到充分的消化和吸收。

再則，人們飯後，胃部正處於滿腹狀態。如果行走運動，不僅消化不好，如果遇到外力加於腹部，就會像一個充飽氣的氣球，其危險可想而知。

當今世界長壽之邦的日本人，就有飯後平臥半小時的習慣。他們認為老年人和體質虛弱的人，飯後以仰臥休息為好，身體比較好的青壯年人，

則以靜坐為宜。

飛機為什麼要發一些食品？

坐飛機會得到除了正餐以外的食品，這些食品是為了當飛機下降的時候保護旅客的耳膜免受損害。

飛機在空中飛行時，隨著飛機的上升或下降，客艙內的氣壓也隨之發生變化。飛機上升的時候，受到外界氣壓降低的影響，客艙內的氣壓也逐漸降低，中耳腔就會形成「正壓」。由於咽鼓管具有自動調節功能，正氣壓氣體會逸出中耳腔，進而達到內外氣壓平衡。所以飛機在上升時，人們的耳壓感覺不明顯。當飛機下降時，中耳腔就會形成「負壓」。由於咽鼓管具有單向活門的作用，當飛機下降過程中，往往不能有效地調節壓力，就會感到耳壓和不適，如果這個時候咀嚼食物，喝一些飲料做一些吞嚥動作，或是嘴巴一張一合類似打呵欠的動作，就會促使咽鼓管開放，使內外壓力得到平衡。

所以，當飛機下降時，嘴裡咀嚼一些食品，喝一些飲料，連續不斷地做吞嚥動作，可以有效地防止耳膜受到壓力的傷害。

體哪些部位容易發胖？

人體是一個有機的整體，由多種物質構成。水分在人體成分中佔60%，蛋白質佔18.5%，脂肪佔16.5%（女性脂肪佔體重的15%～20%為標準與健康，超過25%就會變成肥胖），礦物質佔4%，醣類只佔1%。脂肪也稱為皮下脂肪，分布全身，皮下脂肪具有防止乾燥、保護皮膚、防止細菌繁殖、貯藏身體多餘熱量的功能。

胖，往往先從腹部開始。這是因為食物中的醣類在體內分解以後，就

成為人體力量之源的肝糖。貯藏在肝臟內的肝糖，通常按照體內的需要被送到肌肉，在運動或工作的時候會被消耗掉，但是剩餘的肝糖會變成脂肪被蓄積在靠近胃腸的腹部、肩膀、大腿、臀部等部位。體內的脂肪過多，就會包圍心臟和肝臟，形成臟器病變。

女性皮下脂肪的厚度，一般厚於男性，女性活動量小於男性，亦是女性肥胖多於男性肥胖的一個重要原因。

從人體生理解剖上看，皮下脂肪主要分布在肩部、腰部、肚臍周圍、腹部、臀部、大腿、膝蓋、內踝上部。它們之中，以臀部和腰部最容易黏附脂肪，其次為肚臍周圍和腹部，再其次為肩部、大腿、膝蓋等部位。知道這些部位，有利於有目標性地進行局部減肥。

女人比男人更怕冷

美國醫學研究人員研究發現，在同一氣溫下，女人實際感受到的溫度要比男人感受到的溫度低。對此，美國生物物理學教授大衛認為，這有兩種原因：首先是男人身上的肌肉多脂肪少，女人身上的肌肉少脂肪多。肌肉可以使碳水化合物和脂肪氧化的過程中，消耗大量的卡路里，散發大量的熱能。其次，從生理角度來看，對於冷，女人比男人敏感。這是因為女人身上的「感測器」比男人身上的「感測器」靈敏，會更快地把「冷」的資訊傳遞到大腦。大腦接受到「冷」這個資訊之後，會立即命令新陳代謝系統加速工作，接著命令血液循環系統退守到第二道防線，即從皮膚和四肢退守到軀幹。這就是氣溫低的時候，人們感到手腳冰涼的緣故。

導致女人比男人怕冷的還有另外兩個因素。一是女性的體溫會受到雌激素程度的影響，因為雌激素可以擴張血管。女性在月經週期開始時，雌激素程度很高，血管擴張，血液循環隨之擴張到全身皮膚的末梢，這個時候身上就比較溫暖。反之，當雌激素程度下降時，血管收縮，血液循環系

統也退守到軀幹，四肢就會感到冷冰冰的。二是女性的體溫還會受到飲食的影響，許多女性為了保持苗條的體形過分節食，這樣一來，從食物裡攝取到的卡路里根本不夠消耗。

為什麼拔鬍子不好？

鬍子是男性第二性徵明顯的象徵。有些男士覺得鬍子有礙美觀，非要除掉它不可。聽說刮鬍子可以使鬍子長得更快，因此用手指或鑷子拔鬍子，其實這種做法是不妥當的。

鬍子是從毛囊裡的毛乳頭生長出來的，再生能力很強，拔掉舊的很快就會長出新的。更重要的是，拔鬍子會破壞皮膚結構，損害毛囊和皮脂腺，容易受到細菌感染，引起毛囊或皮脂腺發炎而長癤子。嚴重的容易併發鼻側角的化膿性血栓性靜脈炎，還會向上蔓延到眼靜脈，如果繼續蔓延到顱腔內的海綿靜脈竇，就會引起腦膜炎或是膿毒敗血症，所以拔鬍子是很危險的。

對待鬍子，還是要採取用刀剃刮的方式，既講究衛生又安全可靠。鬍子平均一個月長一公分多，大約三四天刮一次即可，不必刮得太勤。如果鬍子軟而稀，一般可以用剪刀或理髮推子剪，絡腮鬍一般採用刮鬍刀刮。最理想的是電動刮鬍刀，隨著刮刀的轉動，鬍子會一掃而光。但是不要用力重壓，以免刮傷皮膚。

為什麼老人記得過去，卻忘記現在？

年紀大的人記性不太好，這是很正常的事情，可是你是否發現，如果談起過去的事情，老人卻似乎記得很清楚，甚至一些我們覺得瑣碎的事情，他們還會記得。為什麼會這樣？這就要說到大腦皮質的功能。

人類的大腦皮質就像一個圖書館，每天我們看到的事物都會分類收集在不同的部位，眼睛相當於登記員，神經相當於圖書館裡的查找員，我們的大腦皮質就是一個巨大的書庫，它們三者的配合就相當於一個完整的條件反射，如果工作順利，我們就可以記住看到的東西。當你想起某件事情時，其實就是查找員到書庫裡幫你找到貯藏的資訊，如果想不起來，就是查找員找不到的緣故。

當我們年輕的時候，圖書館裡的三者工作效率特別高，而且服務熱情，只要你需要，它們都可以認真工作，但是隨著年齡增大，書庫工作效率下降，無法對新收集的資訊進行分類貯藏，往往是將其扔到廢紙堆，十之八九是找不到的或是找不完全的，可是要查找舊資訊時，書庫還可以保證資訊的完整，就會導致老人記得過去卻忘記現在的事情發生。

需要指出的是，並不是所有老人都會出現這種記憶問題，對於經常用腦並且身體健康的老人而言，他們的大腦皮層還是可以接收新資訊，可以產生新的條件反射，但是對於有些腦神經細胞退化的老人而言，他們的查找員就會經常犯錯，不僅導致現在的事情記不住，就連過去的事情也忘得差不多。

血型的由來

血型是人體的一種遺傳特徵。中國是世界上最早研究血型的國家，遠在13世紀的宋代，就有「滴血認雙親」的記載，這種簡單的方法類似現在的血型交叉反應。

1900年，奧地利細菌學家蘭德施泰納首先發現最基本的A、B、O三種血型，之後又和他的學生發現AB血型。他透過實驗證明，人類紅血球中含有兩種不同的凝集原，分別稱為凝集原A和凝集原B。與此相對，人類血清中含有兩種凝集素——抗A和抗B。根據每個人紅血球中有無這兩種凝集

原，將人類的血液分為四種型：A型、B型、AB型、O型。1927年，蘭德施泰納與列文又應用不同人的紅血球注射於家兔體內，發現在兔血清中出現兩種凝集素，分別稱為抗M和抗N。將具有抗M和抗N的兔血清與人類的紅血球混合，也有部分人的紅血球發生凝集現象，進而又確立人類的另一種血型系統——MN血型。

1940年，蘭德施泰納與維納用恆河猴的紅血球注射於豚鼠腹腔，經過重複注射以後，發現豚鼠血清中出現抗恆河猴紅血球抗體（RH抗體），用此含RH抗體的血清與人類的紅血球混合，發現大約有85%的白種人其紅血球具有與恆河猴相同的抗原（RH抗原），稱為RH陽性血型，大約15%的人其紅血球不被凝集，稱為RH陰性血型。

糖 為什麼是甜的？

當人們的舌頭嘗到不同物質時，味覺感官就會立刻做出反應。科學家們現在認為，那些被人們嘗到的物質分子的幾何形狀，使人們感覺到被嘗物質是「好吃」、「難吃」、「甜的」、「苦的」⋯⋯吃進嘴裡的東西，有各種不同的化學分子結構，經過味覺感官傳達給神經細胞，再傳達給大腦，對味道立即做出反應。

用 藥的「黃金時間」與療效

助消化藥：在飯前10分鐘服用，可以與食物充分混合，發揮最佳作用。

降血壓藥：最好在早上7時、下午3時、晚上7時服用。睡前不宜服用降血壓藥物。

抗菌藥：抗菌素和磺胺藥等抗菌藥物，最適宜飯前服用，可以使藥物

通過胃的時候不被過分稀釋而影響其療效。為維持血液中藥物濃度，應該每隔6小時服用一次。

止喘藥：氣喘病，在夜間0至2時最容易發作。因此，止喘藥最適宜在臨睡前服用。

降血糖藥：凌晨4時服用，即使低量服用也可以獲得滿意效果。

治皮膚過敏藥：撲爾敏和苯海拉明等抗過敏藥，宜在臨睡前半小時服用，副作用最小。

滋補類藥：人參、蜂王漿、蜂乳，應該在早晨起床後空腹或臨睡前服用，最利於吸收。

對胃有刺激的藥物：鎮咳藥、抗癲癇病、水楊酸鈉、甲硝唑、消炎痛等藥物，對胃刺激性強，宜在飯後半小時服用，既不會影響胃口，又利於藥的吸收。

請 你每天喝十杯水

飲水不足，將會對人體生理的各個方面產生不利影響。美國加州的健康學家佛蘭克斯醫生透過研究證實，飲水不足會使許多人積聚多餘脂肪，使肌肉變得軟弱、肌肉體積縮小，使消化系統的功能減退並且增加體內毒性，造成關節和肌肉酸痛……最令人感到奇怪的是，飲水不足還會導致身體滯留水分——當體內水分不足時，身體就會自發地滯留水分以作補償，但是只要攝入足量的水分，身體滯留水分的現象就會消失。

美國亞利桑那州的營養學家唐納德‧羅伯森認為，保持每天攝入足量的水分是減肥不可缺少的關鍵一步。對此，他做出解釋：「如果減肥者飲水不足，身體難以耗去多餘的脂肪。此外，身體對水分的滯留反應還會使體重增加。」他建議，一個健康的人，每天至少應該喝8至10杯（容量中等）的水，如果愛運動或氣候炎熱，飲水量還要增加。肥胖者一般每超重

10公斤，每天就要再喝一杯水。

　　國際運動醫學研究所最近提出一個每日適合的飲水量公式：對平時活動量不大的人來説，每公斤體重每天正常耗水量為30克（即體重70公斤者每天需要飲水10杯）；但是對體育愛好者來説，每公斤體重每天正常耗水量高達40克（即體重70公斤者每天需要飲水13至14杯）。此外，每天的飲水應該「分散」在白晝和晚上臨睡前。人們也許會納悶：喝這麼多水，不是要「經常」上廁所嗎？但是實際上經過幾星期以後，你的膀胱會做出調整，因此排尿次數就會隨之減少，但是每次的排尿量會增加。

　　請相信，每天喝8至10杯水，你的身體會健康，你的體型也會變得更健美。

男左女右的由來

　　中國古代哲學認為，宇宙中通貫物質和人事的兩大對立面就是「陰陽」。自然界的事物有大小、長短、上下、左右，古人將其歸類為大、長、上、左為陽，小、短、下、右為陰。陽者為剛強，陰者為柔弱。男子性剛強，屬陽於左；女子性溫柔，屬陰於右。中醫診脈，男子取氣分脈於左手，女子取血分脈於右手。幼兒罹患疾病觀察手紋，也取「男左女右」。「男左女右」的習俗，早在兩千多年以前的戰國時期就已經出現。至今，在排座和拍攝結婚照等場合還是沿用此俗。

為什麼人類的眉毛長不到頭髮那樣長？

　　我們經常可以在街上看到長髮飄逸的女孩，給人們一種柔暢和愜意的感覺。長眉飄逸的人，一般是看不到的，在武俠小説中的得道高人，才會有神秘的長眉。

為什麼人類的眉毛長不到頭髮那樣長？因為人體的毛髮長度和種類取決於生長毛髮的毛囊的大小和形狀，而且毛髮的生長要遵循一定的週期，只能長到一定的年齡和一定的長度，然後經過一段時間就會脫落，在脫落的地方再長出新的毛髮。

　　在人體的不同部位，毛髮的生長長度是不同的，因為不同部位的毛髮，都有其各自的毛囊，並且每個毛囊的生長週期是不同的。

　　再者，每種類型的毛囊只可以支撐一定長度的毛髮。當毛髮生長到一定的長度，毛囊無法承受的時候，毛髮就會停止生長，自行脫落。

　　依此類推，也就是說，生長眉毛的毛囊的承受力比生長頭髮的毛囊的承受力小得多，因此眉毛長不到頭髮那樣長。

字詞本義

誰是「聖人」？

至聖孔子，名丘，字仲尼，春秋時期魯國陬邑（今山東曲阜東南）人，中國古代著名的思想家、政治家、教育家，儒家學說的創始人。自漢朝以後，他的學說成為兩千多年封建文化的正統，封建統治者一直把他尊為「聖人」，號稱「至聖先師」。

亞聖孟子，名軻，字子輿，戰國時期鄒國（今山東鄒縣東南）人，也是中國古代著名的思想家、政治家、教育家，著有《孟子》一書，是儒家的經典之一。他被認為是孔子學說的正宗繼承者，並稱「孔孟」，被尊為「亞聖」。

史聖司馬遷，字子長，夏陽人，西漢著名的史學家和文學家，是中國第一部紀傳體通史《史記》的作者。

詩聖杜甫，字子美，號少陵野老，河南鞏縣人，中國唐代偉大的詩人。他寫下許多反映社會衝突和現實生活的詩歌，其中最著名的有揭露統治階級殘酷壓迫人民的《三吏》和《三別》。因為他的詩作比較真實地反映一個複雜和動盪的歷史時代，所以被尊為「詩史」和「詩聖」。

詞聖蘇軾，字子瞻，號東坡居士，四川眉山人，中國宋代著名的詞人、文學家、書畫家，「唐宋八大家」之一。他對詞的發展有獨特的貢獻，以往的詞內容狹隘，他擴展詞的內容。他寫的詞，筆力縱橫，豪邁奔放，對後世影響很大，被尊為「詞聖」。

文聖歐陽修，字永叔，號醉翁，又號六一居士，北宋吉州（今屬江西）人，中國古代著名的文學家和史學家，也是「唐宋八大家」之一。他的文章說理通達，抒情委婉，主張「明道」致用，反對靡麗形式的文風，並且積極培養文壇後進，成為北宋古文運動的領袖，後人尊稱他為「文聖」。

書聖王羲之，字逸少，人稱「王右軍」，東晉山東臨沂人，中國歷史上最著名的書法家。他的字吸取魏晉諸家書法的精華，創立獨特的風格。他寫的楷書，進一步擺脫隸法的形跡，達到獨立完美的境地。人們讚美他的字「飄若浮雲，矯若驚龍」，公認他為「書聖」。

草聖張芝，漢朝書法家。他擅長草書，對舊隸的草體造詣更深。

畫聖吳道子，名道玄，唐代陽翟（今河南禹縣）人。他的畫立體感很強，擅長畫人物，用朱粉的厚薄來表現骨肉的高低起伏，如同塑像一樣真實。又善於畫佛像，形象逼真，人物的衣帶飄飄若飛，有「吳帶當風」之譽，被尊為「畫聖」。

醫聖張仲景，名機，漢末南陽人，中國古代傑出的醫學家，著有《傷寒雜病論》，被稱為《醫經》。書中闡述的「辨證論治」的中醫理論和治療原則，奠定中醫治療學的基礎，後人尊稱他為「醫聖」。

藥聖李時珍，字東璧，號瀕湖山人，明代蘄州（今湖北蘄春）人，中國古代傑出的醫藥學家。他花費27年的時間，寫下一部190萬字的《本草綱目》，書中總共收錄1892種藥物，對後世藥物學的發展做出巨大的貢獻，被尊為「藥聖」。

茶聖陸羽，字鴻漸，號東岡子，唐代復州竟陵（今湖北天門）人，中國古代著名的茶葉專家，撰寫世界上第一部茶葉專著——《茶經》，後人尊稱他為「茶神」和「茶聖」。

酒聖杜康，即少康，古代傳說中釀酒的發明者。

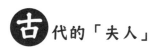 代的「夫人」

「夫人」一詞，是對別人妻子的尊稱。在中國古代，「夫人」除了表示尊稱以外，例如《戰國策·韓策二》：「聞足下義甚高。故直進百金者，特以為夫人麤糲之費」（其中「夫人」即嚴遂尊稱聶政之母），它

的名稱還會隨著丈夫社會地位的高低而變化。《禮記・曲禮下》記載：「天子之妃曰后，諸侯曰夫人，大夫曰孺人，士曰婦人，庶人曰妻。」可見古時候人們的等級之森嚴。後來更發展到「秩官即分九品，命婦亦有七階」的地步，所謂「夫貴婦榮」是也。「七階」是：「一品曰夫人，二品亦夫人，三品曰淑人，四品曰恭人，五品曰宜人，六品曰安人，七品曰孺人。」這些名稱各有取義，例如：「夫」，扶也；「淑」，善也；「恭」，敬也；「宜」，當也；「安」，和也；「孺」，雅也。如果「父歿因存」，則加「太」，即「太夫人」或「太淑人」。

　　歷史上，「夫人」所指範圍也不盡相同。首先，它專指天子或諸侯的妻子。「天子有后有夫人。」「又曰妾，如夫人。」「如夫人」是妾之別稱。到了漢代，皇帝的妾皆稱「夫人」，及至魏晉兩代以後，或稱「夫人」，或另立名號。

　　其次，它是婦女的封號。「夫人」作為婦女的封號，始於王莽，王莽曾經封崔篆的母親師氏為「義成夫人」。後來，唐制規定，諸王的母親或妻子及妃、一品文武官和國公的母親或妻子為國夫人；三品以上官員的母親或妻子為郡夫人。宋朝政和二年（西元1112年），改變封制，定執政以上官員的妻子封夫人。直至明清兩代，一品二品官員的妻子皆封夫人。

　　第三，一般人也有稱妻子為夫人。南朝梁代袁昂《古今書評》：「羊欣書如大家婢為夫人，雖處其位，而舉止羞澀，終不似真。」

　　此外，根據宋制，婦女因為丈夫或子孫而得到的封號有：國夫人、郡夫人、淑人、碩人、令人、恭人、宜人、安人、孺人等名目。實際的則隨其丈夫或子孫的官品有別。

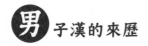

男子漢的來歷

　　人們之所以把男子稱為漢，還要從西漢時期談起。

西漢時期，北方的匈奴不斷侵擾中國的邊境。到了漢武帝時期，國力不斷強盛，在抗擊匈奴的戰鬥中，漢帝國的士兵非常勇敢，所以匈奴的士兵把漢帝國的士兵稱為「漢兒」或「好漢」。作為與「女子」相對的詞語，「男子」已經出現，隨著「好漢」的出現，人們逐漸把「男子」和「好漢」連結起來，組成「男子漢」一詞，作為對男性的一種稱呼。現在的男子漢一詞，具有褒義色彩。

 ## 太自何來？

「太太」是對已婚婦女的尊稱。

「太」字和「大」字原本是一個字，一個意思，後來詞的區別嚴格，這兩個字就有分工，「太」比「大」更大一些，所謂「凡言大而以為形容未盡，則作太。」

古時候，官家稱同一輩男子的妻子為「夫人」，稱上一輩男子的妻子為「大夫人」，也就是「太夫人」。

對人們的稱呼總是喜歡使用雙音節詞，而且習慣於重疊，例如：哥哥、舅舅、姑姑，「太夫人」三個音節叫起來不方便，就按照習慣縮減重疊，也就成為「太太」。

另有一種說法：「太太」一詞，由兩個「太」字組成，兩者含義不同。第一個「太」字含有許多意義：

1. 獨一無二，例如：太陽、太陰、太極、太歲。

2. 至高無上，例如：太空、太上。

3. 古老悠久，例如：太古、太初。

4. 德高望重，例如：太爺、太公、太君、太婆。

5. 安寧祥和，例如：太平。

五義衍化匯合，引出「高大、安詳、尊貴」的新意，例如：太后、太妃、太子、太宰、太師、太傅、太保、太醫。「太太」的第一個「太」字，其意即為「高大、安詳、尊稱」。第二個「太」字，具有「母」的意思，例如：國太（國太為王者之母）。「太」也可以作「姑」解釋，例如：稱師姑（尼姑）為師太。第一個「太」為形容詞，第二個「太」為名詞，兩者綴合組成一個新名詞——「太太」。

明代中丞以上官員的妻子才可以稱為「太太」，後來發展為所有官員的妻子都稱為「太太」。交際場合中最講究禮節，對別人越恭敬越顯得有禮貌，於是到近代，即使不是官員，別人也稱其妻子為「太太」。就像「公子」和「小姐」，原本是對官宦子女的稱呼，後來逐漸變成對所有年輕男女的稱呼。

千 金原本指男子

現代漢語中的「千金」，是指對女孩的愛稱，它最早卻是對男子的稱呼。根據《南史‧謝弘微列傳》記載：安徽當塗的謝朏，十歲的時候就能文善詩，被人稱為神童。其父謝莊對他十分鍾愛，稱其為「吾家千金」。從此以後，許多父母對特別喜愛的兒子都稱為「千金」。

把女子稱為「千金」，是元朝以後的事情。元代雜劇《薛仁貴榮歸故里》中，有一句「乃是官宦人家的千金小姐」，首次將「千金」與「小姐」連用。此後，許多劇本小說把女孩稱為「千金」，作為對女孩的專門稱呼。

西 施名字的由來

西施，本名施夷光，春秋時期越國著名的美女，生於越國苧蘿（今浙

江諸暨縣）南門外苧蘿山腳下一個樵夫家。關於西施名字的來歷，《東周列國志》記載：「一山有東西二村，多姓施者，女在西村，故以西施別之。」另一説西施住的苧蘿村有一條小溪，將村子分成東西兩部分，西施即住在溪西邊的姓施家的姑娘。總之，她的名字是因所住地方的環境而來。

 姑奶奶小考

未婚少女與人爭吵，經常一手叉腰，怒目喝道：「看你把姑奶奶怎麼樣？」或是男女戲謔開玩笑的時候，少女有時候自稱「姑奶奶」。「姑奶奶」典出何處？

清代北京城中俗諺云：「雞不啼，狗不叫，十八歲大姑娘滿街跑。」當時旗人的習慣，把沒有許配的少女看得十分尊貴，無論父母兄嫂，都要尊稱她「姑奶奶」。大戶人家往往對「姑奶奶」遷就、放縱、嬌慣，「姑奶奶」也獲得不守規矩的自由。清朝末年實行新政，北京城南一帶的茶樓、酒館、戲園、球房，都有「姑奶奶」的衣香鬢影，雜遝於人頭攢動之中。每逢新年春節，北京城內廠甸、香廠、白雲觀等處，無數紅男綠女遊逛，「姑奶奶」也盛妝豔服，到茶棚中男女雜坐。「姑奶奶」這些「不規矩」行為，當時引起許多非議，有竹枝詞為證：「狂且四面坐中央，目電頻加白面郎。還是名門還北里，教人納悶是新妝。」簡直把「名門閨秀」罵成「北里野雞」。京師員警廳甚至貼出告示，諭令茶棚中男女必須分座。看來，「姑奶奶」在清朝末年還是屬於「開風氣之先」的「新潮人物」！

至於小家碧玉的「姑奶奶」，當時沒有錢去趕赴浪潮，卻也享有一般漢族女子沒有的「不守規矩」的特權。京城八旗人家資財稍嗇者，每天開門七件事，仍然是「姑奶奶」親自去各商鋪購買。據説，當年慈禧太后待

字閨中時，也曾經如此。當時，這位「姑奶奶」髮初覆額，伶俐過人，經常挎著菜筐，到東城的某處油鹽店購買食物。店主還經常以其粗手，捏這位「姑奶奶」「天生麗質」的鼻子。但是，店主捏「姑奶奶」鼻子的後果，卻非常嚴重。等到「姑奶奶」垂簾聽政的時候，有一次偶與其弟談家事，無意間詢問到油鹽店主。店主聞訊以後，竟然驚悸萬分，墜井而死，全家遁逃。

「姑奶奶」之所以尊貴，大概是因為清宮「秀女」都在旗人官宦人家中選取，誰知道待字閨中的少女將來是皇后還是皇太后！所以，「姑奶奶」總是惹不得。

江 郎並非才盡

「江郎才盡」用以比喻一個人才思減退，智窮謀短。「江郎」為中國南朝的江淹。江郎真的才盡嗎？

江淹（西元444～505年），字文通，濟陽考城（今河南民權）人。他的詩賦精工幽麗，情景交融，有很強的藝術感染力，是中國歷史上的著名文學家。

後來，江淹踏入仕途，官至金紫光祿大夫，封為醴陵伯。江淹晚年，走上仕途，日理萬機，自此才思枯竭，文無佳句，時人謂之才盡。但是，從另一方面考證，並不能說是「江郎才盡」。

齊武帝永明三年（西元485年），江淹當上尚書左丞，後來又兼任考核官吏的御史中丞。他一鼓作氣，彈劾職位很高的中書令謝朏等人，又拘捕前益州刺史劉悛，沒收贓物上萬，全部繳付廷尉去處理。

江淹行事很有主見，齊東昏侯永元二年（西元500年），崔慧景發兵圍困京城，許多官僚紛紛投身於叛軍門下，唯獨江淹稱病不往。叛亂平定之後，他心在朝廷，秉公辦事，不徇私情，處理問題寬嚴得當，人們很佩

服他的見識和忠心。江淹雖然久在宦海浮沉，但是他不留戀紙醉金迷的生活。58歲，藉口生病，交出實權，四年之後，他就死去了，活了62歲。死後，梁武帝親自為他穿喪服，舉哀禮，賜予他諡號為「憲」。

江淹治理國家的管理才能是出類拔萃的，可以說是文盡才不盡。

豬 八戒形象的由來

《西遊記》作者吳承恩的家鄉淮安，有一個二流子，名叫朱八，吳承恩曾經代人寫狀子告過他。吳承恩覺得朱八這種人，只有戒懶、戒饞、戒小偷小摸，並且經過磨練，才會變成好人，更覺得世人應該以朱八為戒。吳承恩在雲台寫書時，曾經聽人講過一個野豬精的故事，就根據野豬精的故事和生活中朱八的原形，塑造「豬八戒」這個形象。

且 說「不管三七二十一」

「不管三七二十一」，含有無論好歹或吉凶如何，也要做一做、試一試、碰一碰的意思。

三七相乘的積為不祥之數，最早可能是讖緯家或陰陽家的用語，後來經過一個長期的演變過程，才成為今天「不管三七二十一」這樣的口語。《漢書》第五十一卷《路溫舒列傳》記載：路溫舒向祖父學習「曆數天文」的時候，祖父就說過漢朝的「厄運」在「三七之間」。後來，張晏解釋說，這是指「三七二百一十歲」，意思是說：從漢初到漢哀帝與平帝要衰落了。其實，其間不到210年。三國時期的陳琳作《神女賦》，又有「漢三七之建安，荊野蠢而作仇」語句，也說從東漢初年到建安時期又應該交「厄運」。其實，從東漢建武元年到建安時期也不到200年，湊不成「三七」之數，但是卻證明「三七」之積已經成為不祥的數字。太平天國

起義發布《奉天討胡檄》，也有「三七之運告終」語句。

上述例證至少說明，以「三七二十一」作為一個不祥的數字，與現在的「不管三七二十一」的意義比較接近。

 公主的由來

皇帝的女兒稱為公主，始於周宣王。當時，天子的女兒下嫁於諸侯，要有人主婚。誰配得上主持這樣的大事？只有僅次於帝王的「公」。古代的爵位，分為公、侯、伯、子、男，「公」的等級最高。因此，封「公」爵的諸侯主持天子女兒的婚事。秦漢以後，就由朝廷的「三公」和大臣主其事。這樣一來，就把天子的女兒稱為「公主」。唐太宗又明確規定：只有皇帝的女兒，可以稱為公主。

尼姑一詞的由來

佛教經典說，佛教出家人有五眾，即比丘、比丘尼、沙彌、沙彌尼、式叉摩那。比丘是梵文Bhiksu的音譯，意譯為「乞士」，是指出家修行的男僧人，因其初期以乞食為生，而得名「乞士」。比丘尼是梵文Bhiksuni的音譯，是指出家修行的女僧人。《善見論》記載：「尼者，天竺女人通名也。」漢文翻譯的時候，在印度語言中表示女性的「尼」字之後加上漢語中表示女姓的「姑」字，二者組合起來，就成為俗稱的「尼姑」一詞。

臨時抱佛腳的由來

「平時不燒香，臨時抱佛腳。」這句俗語是借用古時候某些人平時吝

嗇，不願意花費錢物去廟堂進香上供，等到有危難之事才去祈求佛爺護佑的做法，喻指平時不積極努力，關鍵時刻臨陣磨槍倉促應付的行為。但是「抱佛腳」的本意，是中國古代滇南某個少數民族的一種風俗。根據清人褚人獲筆記《堅瓠集》卷一「抱佛腳」記載：「雲南之南，有番國，俗尚釋教。人犯罪應誅者，捕之急，趨往寺中，抱佛腳悔過，願髡髮為僧，以贖前罪，即貰（通赦）之。」意思是說：那些番國人犯了死罪，只要到寺廟抱住佛腳悔過一番，皈依佛門，就可以不再追究。

鍾馗的由來

　　明代李時珍著作的《本草綱目》考證有關鍾馗傳說的來源。原來，鍾馗不是人名，而是菌類植物。李時珍引證《爾雅》云：「鍾馗，菌名也。」又說：「《考工記》注云：終葵，椎名也。菌似椎形，故得同稱。俗畫神執一椎擊鬼，故亦名鍾馗。好事者因作《鍾馗傳》，言是未第進士，能啖鬼，遂成故事，不知其訛矣。」按照李時珍的說法，「好事者」所作的《鍾馗傳》，應該是《逸史》中的記載：「唐高祖時，鍾馗應舉不第，觸階而死。後明皇夢有小鬼盜玉笛，一大鬼破帽藍袍，捉鬼啖之。上問之，對曰：臣終南山進士鍾馗也。」其實此說不真確。鍾馗即終葵，它並非執椎擊鬼之神（或大鬼），而是一種椎形菌類植物或菌形椎類工具。

印度國名是唐朝玄奘翻譯的

　　印度共和國，其國名的漢譯，古來各異。中國最早知道有印度的人是漢朝的張騫，他經過西域以後回國向漢武帝報告，他在大夏時，看見四川出產的竹杖和布，問是從哪裡來的？當地人說，是商人從「身毒」國販來。「身毒」就是現在的印度。

「身毒」是譯音，西漢時期是這樣稱呼。到了東漢時期，又把它譯為「天竺」，此名雖然雅致，但是音略有差異。

最後把「身毒」定譯為「印度」，是不辭勞苦到西天取經的唐朝高僧玄奘。他在《大唐西域記》記載：「詳夫天竺之稱，異議糾紛，舊云身毒，或曰賢豆，今從正音，宜云印度。」

玄奘不僅譯得準，而且也譯得雅。他說「印度」二字在漢語中，含有輪迴不息和如月照臨的意思。印度各族人民自古以來經常把自己的國家稱為「婆羅多」，這個詞語的原義是「月亮」，是北印度一個民族的名稱。這個民族是印度史詩《摩訶婆羅多》（意思是「偉大的婆羅多」）的主角，老國王婆羅多的後裔們經過血戰，稱霸北印度，「婆羅多」就成為印度人心目中最賢明的君主和國家的象徵。玄奘在斟酌譯名的時候，費盡苦心地把「印度」兩字與月亮聯繫，大概也想到如何表現「婆羅多」的含義！

什麼是「反串」？

演戲俗稱「串戲」，「串」意思為表演，「反串」就是演本行以外的行當，例如：生行演員演旦角，青衣演員唱老生。此外，還有「外串」和「客串」之說。非本班演員臨時參加演出叫做「外串」，非梨園行的人參加劇團演出稱為「客串」。「客串」完全不取報酬，稱為「清客串」。

八的本意

現在，「8」這個數字十分走紅，因為它與「發」字諧音。「8」原本是阿拉伯字母，為了算術的方便，用作數目字。中國原先所用的「一、二、三、……十」序列中的「八」，《辭海》對它的解釋是：數目，七加

一所得。沒有其他含義。但是在古代，從一至十都是有含義的。而且遺憾的是，十個數字中，只有八具有不甚吉利的意思。《說文解字》給它的定義是：別也，象分別相背之形。清人段玉裁的注解也很有意思：今江浙俗語以物與人謂之八，與人則分別矣。即使現在，江浙滬本土方言給人東西還是讀作八。因此，如果按照先人的看法，八不能與財連結在一起。如果一定要連結，就不是「發財」，而是與發財相悖。

為什麼把失敗稱為「敗北」？

在報導體育比賽的文章中，經常把失敗稱為「敗北」，這是一個來自古代漢語的詞語。古代為什麼把失敗稱為「敗北」？原來，「敗北」的「北」並不是方位詞，「北」是「背」的初文。《說文解字》記載：「北，乖也，從二人相背。」由此，「北」引申為人體的部位——與胸相對的背部。古人說敗北，意思是打不過轉背而逃。後人沿襲古人的用法，所以經常把失敗稱為「敗北」。

什麼是「龍套」？

在傳統戲曲裡，四人一組扮演兵士或衙役的角色，叫做龍套。龍套是由於他們所穿的龍套衣而得名，這幾個人代表千軍萬馬。龍套在舞台上的活動有一定程序，例如：升帳或坐堂分站兩廂叫做「站門」，引導主人行進前面開路叫做「圓場」，在上下場門附近斜列兩行等候主人上場或下轎叫做「斜門」，在雙方交戰從兵刃下穿過叫做「鑽煙籠」，分從兩邊上場叫做「二龍出水」。

龍套表演講究「站如鐘，走如風」，在站堂助威的時候，要像堅石一般，佇立不動；如果動（跑）起來，猶如燕子抄水一般，敏捷而輕快。有

些舞台氣氛和環境變化，是依靠龍套跑出來的，所以又叫做「跑龍套」。

龍套以頭旗為主，二、三、四旗為副，要聽頭旗的指揮。他們經常打著紅門旗、飛虎旗、月華旗，演神話還會打著風旗、水旗、火旗、雲牌，所以從前也有人稱為「打旗的」。

老鼠何時稱為「耗子」？

老鼠何時稱為「耗子」？至少可以追溯至五代。五代時期，統治者橫徵暴斂，正賦之外，苛捐雜稅甚多，名為「附加」。附加稅之外還有「附加」，名曰「雀鼠耗」。耗，是傷損的意思。雀鼠耗，意思為官倉糧帛為雀鼠們損傷，所以要加徵。加徵額，有些是一石正賦，加徵雀鼠耗二斗。很顯然，這是巧立名目。正是因為這個名目，「鼠」與「耗」才有連結。宋人孟元老《東京夢華錄》說及汴京風俗，每至十二月二十四日交年，家家備酒果送神，夜間「於床底點燈，謂之照虛耗」。「照虛耗」，意思是怕老鼠偷吃供品。這個時候，「虛耗」一詞就成為老鼠的代稱。

何謂「無恙」？

朋友們在信中或是久別重逢時，總是喜歡寫上或是說上一句：「別來無恙。」「無恙」意指沒有疾病和災禍，更常用的是作為問候語。

無恙是如何而來？

古時候，人們過著茹毛飲血和野居露宿的生活，他們非常害怕一種名為「恙」的蟲子。這種蟲子經常寄生在人或鼠等動物身上，吸取體液，還

會傳染一種病毒。初始時，人們感到皮膚火燙奇癢，接著就會呈現紅斑，長出水皰，並且有發燒以致不能安眠的症狀。那個時候的人們，無法消滅這種「恙」，只能任由它騷擾。後來，人們終於把「恙」從自己身上趕走。所以，每當闊別的親友相逢時，總是先以「無恙」請安，一直流傳至今。

 ## 囉的由來

「哈囉！」美國人打電話往往開口就是這個單字，用以表示問候與驚奇或是喚起注意，相當於中文的「喂」。這是英語中最常用的一個詞語。

據說，第一個用「哈囉」打電話的人，是發明電話的愛迪生。他是一個惜時如金而沉默寡言的人，他認為接通電話總是有人在，「哈囉」一詞就是他打電話向對方表示問候的口頭禪。然而，在19世紀末期剛發明電話不久時，許多美國人還不相信電話會傳送聲音，總是反覆地問：「你是在那裡嗎？」現在的美國人，已經用「哈囉」這個單字取代這個疑問詞。

樓原本指帝王之居

「青樓」，自唐宋以來，大多代稱妓院。在中國許多古典文學作品中，也大多稱落難風塵的妓女為「青樓女子」。其實，這是一種誤傳，「青樓」最早是指帝王的住所。

根據《南齊書・東昏侯紀》記載：「世祖興光樓，上施青漆，世謂之青樓。」清代袁枚《隨園詩話》記載：「齊武帝於興光樓上施青漆，謂之青樓」，並且指出：「今以妓院為青樓，實是誤矣。」可見，「青樓」原先是帝王之居。三國時期曹植有詩云：「青樓臨大路，高門結重關」，唐代駱賓王也有「大道青樓十二重」詩句，都是稱譽帝王所住宮廷樓閣之富

麗華貴。

　　最早稱妓院為青樓，出自南朝梁·劉邈《萬山見採桑人》一詩，內有「娼女不勝愁，結束下青樓」詩句。後來，李白《在水軍宴韋司馬樓船觀妓》詩中「對舞青樓妓，雙鬟白玉童」，以及杜牧《遣懷》詩中「十年一覺揚州夢，贏得青樓薄倖名」的「青樓」，就是因襲前人而誤傳。此後的文人墨客們就以訛傳訛，皆稱妓院為「青樓」。

傻瓜的由來

　　古時候，姜戎氏的祖先吾離被秦軍趕到秦嶺地區的瓜州，他的子孫就用地名來取族名叫做「瓜子族」。瓜子族人勤懇、誠實、苦幹，受雇於人時，不聲不響地埋頭苦幹不歇手，人們誤認為這是「愚蠢」，就把「愚蠢」的人稱為「瓜子」。清代《仁恕堂筆記》：「甘州人謂……不慧子曰『瓜子』。」甘州即今甘肅。後來，人們把「瓜子」和形容詞「傻」字連結起來，才出現「傻瓜」一詞。

世界的本義

　　「世界」一詞現在運用很多，乍看似乎很具體，仔細一想，很難說清楚它到底指什麼。

　　本來，「世」是指時間，古書注釋：「三十年為一世」，古字形「世」就是「卅」，也就是三個十字的連合體，造字用意十分清楚。界，本意是田的界線，後來引申為所有地域界限。

　　現代漢語「世界」一詞，是從佛經翻譯中引用而出。佛教把宇宙看成時間和空間的混合體，《楞嚴經》說：「世為遷流，界為方位。汝今當知，東、西、南、北、東南、西南、東北、西北、上、下為界，過去、未

來、現在為世。」可見佛經以「世」來指代時間，以「界」來指代空間。宇宙既是時空的統一體，當然就稱為「世界」。

　　人們把地球上所有地域稱為「世界」，就是取佛經「界」的詞義。「世」在這裡沒有什麼意義，只是為了湊足雙音詞。至於哲學概念的「世界」，顯然也是為了對譯外來語而借用佛教詞。還有「內心世界」和「藝術世界」等說法，都是一種引申，是藉由具體的世界去表示抽象的「世界」。

關於中國的那些事

古今長江的稱謂

在古漢語中，「江」是長江的專用名詞，見於文獻的「江」字，早在春秋時期即已有之。例如：吳王銅劍上刻有「處江之陽」的銘字，《山海經》也有長江又稱為「九江」、「漢陽江」、「漢洋江」、「川江」、「荊江」，散見於各個歷史時期的文獻中。

長江的各段江面又有不同的名稱：岷江以下，上游稱為「南江」；湖北江陵至江西九江稱為「中江」，其下游又泛稱「北江」。以流經地域而命名：「楚江」，指安徽沿江段，這一帶古屬楚國；「橫江」，指安徽和縣附近一段江面，長江在此受天門山阻遏，由東西流改為南北流；「潯陽江」，專指九江市附近江面，九江古稱潯陽；「巴江」，指四川巫山縣到湖北巴東縣江面段，明人吳本泰詩句：「雲開巫峽千峰出，路轉巴江一字流」，為此稱之肇始；「揚子江」，泛指南京以下的長江下游。

現在，沱沱河、通天河、金沙江等名字，是長江各段的正式名字，揚子江是長江的國際通用名。

六大古都是哪些城市？

「六大古都」，一般指北京、南京、西安、洛陽、開封、杭州。

北京：在春秋戰國時期為燕國國都，遼建為陪都，稱為燕京。金正式建都，稱為中都。宋元稱為大都。明清稱為京師，通稱北京。民國初期亦建都於此。

南京：三國吳、東晉、宋、齊、梁、陳、五代南唐、明初、太平天國、辛亥革命時期，均建都於此。

西安：西漢、前秦、隋、唐，均建都於此。

洛陽：東漢、三國魏、西晉、北魏（孝文帝以後）、隋（煬帝）、武周、五代唐，均定都於此。新莽、唐、五代梁、晉、漢、周、北宋、金（宣宗以後），皆以此為陪都。西元23年綠林軍推舉的更始帝，也曾經建都於此。

開封：五代梁、晉、漢、周、北宋，皆建都於此。梁稱為東都，晉、宋稱為東京。金自宣宗以後建都於此，稱為南京。

杭州：是五代吳越國都，南宋遷都於此。

北京是歷史名稱最多的城市

北京是一座歷史悠久的名城，隨著歷史的變遷，它的名稱也不斷變更。根據統計，北京的正名和別稱有60餘個，是世界上歷史名稱最多的城市。北京地區，上古時期稱為幽陵，夏代稱為冀州，周喚薊，春秋戰國謂燕，秦置廣陽和漁陽，西漢設幽州，東漢為廣有和伐戎，北魏叫燕郡，隋改為涿郡，唐改為范陽郡，遼改為幽都，建南京，稱為燕京，又改為析津府，金建中都，改析津府為永安府，又改大興府，元稱為大都。明朝永樂元年（西元1403年）始稱北京，置順天府，1421年改稱京師，清代沿襲明代稱呼，民國時期改稱北平。

中國歷史上南京有五個

天寶十五年，安祿山的叛軍進攻長安，唐玄宗李隆基逃到四川成都避難，太子李亨在靈州稱帝，將四川成都市稱為「南京」。

宋太祖趙匡胤稱帝之前，在河南商丘一帶擔任後周宋州節度使，為紀念舊地，宋真宗大中祥符七年將商丘升格為「南京」。

西元1158年，金主完顏亮將京城由上都移到中都（今北京市），將北宋京城開封改稱為「南京」。

契丹國曾經將遼寧省遼陽縣稱為「南京」。

明太祖朱元璋即位，建都應天府，洪武元年（西元1368年），稱應天府為「南京」，相沿至今。

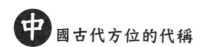

市古今名稱

晉陵——江蘇常州市	嘉禾——浙江嘉興市
吳郡——江蘇蘇州市	江夏——湖北武漢市
京口——江蘇鎮江市	江州——江西九江市
金陵——江蘇南京市	穎陰——河南許昌市
廣陵——江蘇揚州市	汴京——河南開封市
彭城——江蘇徐州市	長安——陝西西安市
會稽——浙江紹興市	巴西——四川南充市
錢塘——浙江杭州市	任城——山東濟寧市

國古代方位的代稱

現在的地理方位是用東、西、南、北來表示，在古代是以「青龍」、「朱雀」、「白虎」、「玄武」來代表。

在南京的玄武湖，位於鍾山之後（鍾山之前也有一湖），東晉初年被稱為北湖。「玄武」在中國古代神話中，通常是指北方之神，其具體形象是龜的身上纏繞一條蛇。因此，玄武湖實際上是北湖的意思。此外，唐朝長安的玄武門也是指北門。

青龍是東方之神，代表東方。例如：屹立於東海之濱的歷史名鎮青龍鎮。此外，還有青龍河、青龍塔、青龍港，都代表它們的位置在東方。

朱雀是南方之神，代表南方。中國眾多舊城的南門都以朱雀冠名。金陵的朱雀門和朱雀橋，長安的內城朱雀門，都是歷代著名的古蹟勝地。

白虎是西方之神，代表西方。古人因為「白虎」含有貶義，以其作為地名者甚少，經常用於禁入的要地之名，例如：白虎堂和白虎廳，以白虎之勢比喻地之緊要，這些地方的大門都是朝西的。

河漢界在哪裡？

在象棋盤上，經常可以看到「楚河」和「漢界」的字樣。

「楚河」「漢界」是把下棋比喻為歷史上的楚漢相爭。楚漢相爭是項羽和劉邦之間的戰爭，以成皋之戰為中心而展開，以垓下之戰漢勝楚敗而結束。根據史書記載，從西元前204年開始，項羽和劉邦為了爭奪農民起義的勝利果實，在河南滎陽和成皋一帶發生戰爭。西元前203年，劉邦憑藉關中和巴蜀豐富的糧草支援，出兵擊楚，項羽糧缺兵乏，不得不妥協，提出「中分天下，割鴻溝以西者為漢，鴻溝而東者為楚」。從此，就有「楚河」「漢界」之說。滎陽東北的廣武山上有兩座城，東邊的叫做霸王城，西邊的叫做漢王城，為項羽和劉邦所築。二城中間有一條寬約三百公尺的大溝，就是楚漢分界的鴻溝。

國南北方分界線在哪裡？

中國南北方分界線既不是黃河，也不是長江。從地理學的角度來看，長江與黃河之間的秦嶺——淮河，才是中國南方與北方的分界線，此線全長1700公里。這條線的南北兩側，無論在氣候、水文、土壤、植被，以至

農業生產和人民風俗習慣等方面，都有明顯的差異。

首先在氣候方面，它是中國副熱帶和溫帶的分界線。冬天，高大的秦嶺山脈阻擋和削弱北風的南下，使山南山北的氣溫相差攝氏二度至五度，有時候多達七度。降雨量也不同，南側雨季長，降雨多，年降雨量八百公釐至一千三百公釐；北側雨季短，降雨少，黃河中下游每年只有六百公釐。再從河流水文特徵來看，秦嶺——淮河以北的河流，其特點是流量小，汛期短，水位季節變化大，冬季有結冰期；南方河流的特點正好相反。

關東、關西、關中

關，即關隘。中國有許多關隘，「關東」和「關西」可以泛指一般關隘以東和以西的地區，但是由於歷史的原因，這個「關」多指函谷關或潼關。秦、漢、唐等定都於今陝西的王朝，稱函谷關或潼關以東地區為關東或關外，以西地區為關西或關內。關中也指函谷關和潼關以西地區，但是不同時代所指範圍大小不一，現在一般指陝西的關中平原。關東也指今遼寧、吉林、黑龍江三省，因其位於山海關之東，所謂「闖關東」的「關東」，就是指這裡。

五嶽之高誰為冠？

關於中國「五嶽」的海拔高度，學術界公認北嶽恆山最高，華山次之。根據最新實測資料，「五嶽」的實際高度是：西嶽華山（南峰）2154.9公尺，北嶽恆山2017公尺，東嶽泰山（玉皇頂）1545公尺，中嶽嵩山1491.7公尺，南嶽衡山（祝融峰）1300.2公尺。華山高度居「五嶽」之最，從海拔400公尺的山麓到絕頂，直線距離為5公里，高度落差竟

然達到1760公尺。

為何名山多寺廟？

中國名山大川幾乎都有寺廟，人們在遊覽的時候，經常看到佛教和道教的廟宇與寺塔和石刻，這是什麼原因？

佛教和道教是兩種不同的宗教，各有自己的教義和經典，信奉不同的「神」，廟宇的名稱和建築風格也不相同，但是有一個共同點：宣揚遠離「塵世」，超脫凡俗去修行。另一方面，名山大川象徵大自然的威力和造化的神奇，古人崇拜大自然，認為深山都有「神」居住，只有把廟宇建在深山中，才會「靈驗」。因此，一些風景秀麗、空氣新鮮、環境幽靜的大山，就成為佛教和道教信徒的理想去處，廟宇就是他們修建的。

四大金剛

進入寺廟大門，就可以看到四尊高大威武的佛像相對而坐。這是佛教的護法四天王，俗稱四大金剛。四天王所在的殿，也叫做天王殿。

明代神魔小說《封神演義》記載：這是姜太公封的神，他們是兄弟，分別叫做魔禮青、魔禮紅、魔禮海、魔禮壽。商朝末年，他們作為暴君紂王的將領，鎮守佳夢關，抵抗周兵。魔禮海的琵琶一撥弄，可以使周兵屍橫遍地；魔禮青的寶劍一揮動，可以使周兵成為肉泥；魔禮紅的寶幡叫做「混元傘」，一撐開就天昏地暗，日月無光；魔禮壽有一個裝有花狐貂的袋子，放出來可以吃盡世人。真是法力廣大，神乎其神。

但是，佛經卻有另一種說法：四大金剛是從印度而來，他們是護法神帝釋天的外將，住在一個叫做犍陀羅的山上。山有四峰，四大金剛各居一峰，各護一方天下。住在東邊白銀埵的叫做東方持國天王，名多羅吒，身

白色，負責衛持國土，保護眾生；住在南邊琉璃埵的叫做南方增長天王，名毗琉璃，身青色，負責傳令眾生，增長善根；住在西邊水晶埵的叫做西方廣目天王，名毗留博叉，身紅色，負責用淨天眼監察世界；住在北邊黃金埵的叫做北方多聞天王，名毗沙門，身綠色，他的福德名聞四方。

對於四大金剛手中的寶物，說法也不一樣。佛教傳說：持國天王拿琵琶，用音樂來點化眾生；增長天王拿寶劍，保護佛法不受侵犯；多聞天王拿寶幡，用來引導眾生，制服妖魔；廣目天王拿絹索（捕魚捉鳥的網），用來捕捉不信佛教的人。另有一種說法是：寶劍代表風，因為舞劍可以生風；琵琶代表音樂曲調；傘代表雨；廣目天王不是拿絹索，而是蜃，諧音為順，取「風調雨順」的意思。這種說法有些牽強附會，但是現今多數寺廟裡的廣目天王，確實是握著一條似龍似蛇的東西，據說就是蜃。

石獅子的由來

講到石獅子，就要先從獅子說起。中國古代本來沒有獅子，李時珍說：「獅子出西域諸國。」動物學家認為，獅子的故鄉是在非洲、西南亞、印度、南美巴西等地。從前巴爾幹半島也有，後來逐漸絕種。因此，幾千年以前的埃及人可以在金字塔的前面創作「獅身人面像」的藝術傑作。在西亞諸邦以及印度和犍陀羅等國，很早就有「翼獅」之類的雕刻。獅子何時傳入中國？漢代張騫出使西域以後，中國與西域諸國有正式往來。根據文獻記載，東漢章帝章和元年（西元87年）安息國王獻獅子，翌年月氏王獻獅子，和帝永元十三年（西元101年）安息國王獻獅子，順帝陽嘉二年（西元133年）疏勒國王獻獅子。

石獅子在中國出現的歷史比真獅子更早，究其原因，可能與佛教的傳入有關。相傳，「釋迦佛生時，一手指天，一手指地，作獅子吼……」，認為「佛為人中獅子」。《玉芝堂談薈》記載：「釋家以獅子勇敢精進，

為文殊菩薩騎者。」認為牠是高貴尊嚴的「靈獸」，有護法避邪的作用。佛台上經常刻有一對獅子，佛陀說法稱為獅子吼，其座謂獅子座。

中國現存最古老的石獅雕刻為東漢造物，山東嘉祥縣武氏祠內的石獅，四川雅安高頤墓前的石獅，都是那個時候的作品。在曹操修築的銅雀台舊址，曾經發現一對石獅子附著於門柱上。從這些石獅子身上，可以明顯地看到西亞雕刻的影響——獅身上生著雙翼。真獅子的輸入，使石獅子的形象產生深刻的變化，例如：洛陽龍門石窟賓陽洞中的一隻北魏時期的石獅，呈半蹲坐狀，並且抬起一隻前肢，栩栩如生，堪稱那個時候的代表作。

後來，獅子雕刻的藝術及其應用範圍，有更廣泛的發展。不僅宮殿陵墓和文衙武轅的前面要立兩隻石獅，有些講究的住宅前面也立著一對獅子。後來還出現許多鐵獅子和銅獅子，文人學士喜歡在圖章印鑑上雕一個「獅子紐」，可以算是小石獅子，足見人們對獅子的喜愛程度。

漫話「如意」

最早的如意，以骨、角、玉、石、竹、珊瑚製成，長度大約1尺，柄端作手指形、心字形、靈芝形、雲葉形，據說早在漢代即已出現。

柄端呈手指形的如意大多具有實用價值，可以用來搔癢，因其可如人意，故而得名。現在人們用的「不求人」，就是古代搔杖如意的遺制。

魏晉南北朝時期，如意的應用已經比較普遍，製作上也越來越考究，一般質地堅硬，有許多是鐵製品。根據古代文獻記載：古代的和尚在宣講佛經時，手持刻有經文的如意，以防遺忘。這些如意質地比較軟，便於雕刻，字數比較多的經文，也可以容於一柄，吟誦起來十分方便。

隨著時間的推移，到了唐代，如意就演變成一種純屬裝飾、陳設、供人賞玩的工藝品。

清代的如意是帝、后、貴族的一種玩賞和陳設物，它遍及帝、后的寶座和宮殿，以及王府中的桌案上。以其式樣來說，除了柄端呈靈芝形或雲葉形以外，還有琢成兩個柿子形，以借柿、事同音，取「事事如意」之意；還有刻著五隻蝙蝠繞著一個「壽」字飛翔，這是借蝠、福同音，取「五福捧壽」之意。以其質地來說，有金、玉、翡翠、水晶、珊瑚、瑪瑙、沉香木，可謂應有盡有。

由於如意象徵吉祥如願，因此清朝皇帝選后妃時，如意成為一種選中的象徵，皇帝看上誰就把如意遞給誰，以表示滿意。有時候，皇帝還會把如意作為一種賞物，賜給辦事得力的臣下，以茲鼓勵。但更多的是王公大臣給皇帝進獻如意，特別是在皇帝生日和其他盛大節日時，京官及地方官吏為了邀寵，更是爭相呈送。例如：清高宗乾隆60歲生日的時候，大臣們送給他用金絲編織的如意60柄，總共耗費黃金52531.25克。慈禧太后60歲生日的時候，一些達官顯貴為了討好「老佛爺」，總共敬送各式珍奇如意81柄，分九盒盛裝。九為大數，九九為最大數，此稱「九九」如意，意思是如意長壽。皇帝看到以後高興，邀寵的王公大臣又何愁不能封官加祿？

頤和園三字為誰所寫？

北京頤和園是中國現存最大的皇家園林之一，1860年曾經被英法聯軍毀壞。光緒14年，慈禧太后挪用巨額軍費重建並且改名為頤和園，後來又被八國聯軍破壞，1903年修復以後日臻完善。當時朝廷曾經下詔徵匾，京中文人雅士爭相獻書，但是慈禧太后均不滿意，使得主持者惶恐不安，執筆者更為膽怯。

貴州印江縣有一位書法家叫做嚴寅亮，日夜操練，最後從一大堆字稿中，選出最得意的「頤和園」三字送進宮內。慈禧太后看到這三個遒勁渾

厚而且別具風格的字，冷寂如鐵的面孔才稍露笑意，嚴寅亮所寫的「頤和園」三字被選中了。

四 美女別稱根據何在？

聞驛在《武漢晚報》載文認為：「沉魚落雁」這個形容女性美貌的成語，最早出自《莊子・齊物論》中一段話，其文曰：「毛嬙、麗姬，人之所美也，魚見之深入，鳥見之高飛……」莊子說，越王嬖妾毛嬙、晉王寵嬪麗姬，人們都稱讚她們美貌冠世，魚鳥也被震得或沉或飛。後人根據莊子這句話，將「飛鳥」改成「落雁」，組接為「沉魚落雁」成語，來形容婦女妍美的容貌。

「閉月羞花」與「沉魚落雁」連用，經常見於元人雜劇和明清小說中。「閉月」的專利權屬於古代哪位美女，難以稽考。至於「羞花」，五代後梁官至鎮南節度使的劉鄩，有一個姓王的侍女，人號「花見羞」（見張岱《夜航船》卷十三）；五代後唐也有一個姓王的嬪妃，美色絕倫，人稱「花見羞」（見《新五代史・唐明宗家人列傳》），說明此詞有史可證。

有些人說「沉魚」、「落雁」、「閉月」、「羞花」分別是西施、王昭君、貂嬋、楊貴妃的「代稱」、「美稱」、「別名」、「雅號」，不知根據何在？

梁 祝並非同時代人

梁山伯與祝英台並非同時代人，他們生活的年代大概相距千年。梁祝的故事究竟是怎麼回事？

400多年以前的明朝，有一個書生叫做梁山伯，在鄞縣當縣官，因為

他秉公辦案,當地老百姓稱他為「梁青天」、「賽包公」。梁山伯死後,人們為了紀念他,選擇山明水秀的胡橋鎮作為墓地。

在挖掘墓穴時,卻發現下面已經有一個墓穴,還埋著一塊石碑,上書「祝英台女俠之墓」,碑的反面刻著她的事蹟。原來,祝英台是南北朝時期陳國人。她俠義好強,生前劫富濟貧,與貪官污吏作對,後來遭到貪官馬文才父子暗害,分屍野外。當地老百姓偷偷將其屍體安葬於胡橋鎮,因為日久年深,墳墓逐漸陷入地下。

當時,人們認為這座女俠墓絕對不能拆,但是為梁山伯另擇墓地又一時難找。有些人就提出:「梁山伯與祝英台都是為老百姓做好事的人,為何不為他們合造一墓?」眾人就動手把他們合葬在一起,並且在墓碑上寫下梁山伯與祝英台的名字。

上述未必可信,權作一說。

 **寺 的演變**

人們大多認為「寺」為廟宇的代稱。其實,寺是從親近的宦官和官吏的辦公之地演變而來。《詩經·車鄰》:「寺人之令。」鄭玄注:「寺人,內小臣也。」指皇帝宮廷內最小的臣子,即僕人性質的宦官。寺,古文作侍,《周禮·天官》「寺人」,賈公彥疏:「欲取親近侍御之義。」所以,陸德明《經典釋文》也說:「寺,本亦作侍。寺人,奄人也。」奄人,就是宦官。《左傳》裡有寺人披和寺人貂,可見在周朝和春秋時期就有宦官。由於寺有親近之義,官吏也是皇帝近臣,他們的辦公之地也稱為寺。《三倉》:「寺,官舍也。」《左傳·隱公七年》孔穎達疏:「自漢以來,三公所居謂之府,九卿所居謂之寺。」《漢書·元帝紀》注:「凡府廷所在,皆謂之寺。」所以,許慎《說文解字》訓寺為「廷」。後來,左思作《吳都賦》,描寫吳都官府之多,誇張為「列寺七里」。

東漢明帝時期，有兩位印度的外賓，叫做攝摩騰和竺法蘭，他們用白馬馱佛經到中國宣傳佛教，住在鴻臚寺。鴻臚是當時的官名，掌管招待外賓的事務，他們的辦公之地叫做鴻臚寺，即招待所，招待外來的賓客。攝摩騰和竺法蘭死後，屍留寺中，漢明帝為他們建築「白馬寺」，其址在今河南洛陽縣東。《清一統志》：「漢明帝時，攝摩騰、竺法蘭初自西域以白馬馱經而來，舍於鴻臚寺，遂取寺為名，創置白馬寺。此僧寺之始也。」從漢明帝開始，人們才稱廟宇為寺。寺義在漢代的演變，宋人葉夢得《石林燕語》敘述詳細：「東漢以來，九卿官府皆名曰寺……鴻臚其一也。本以待四夷賓客，故攝摩騰、竺法蘭自西域以佛經至，舍於鴻臚……既死，屍不壞，因留寺中，後遂以為浮屠之居。」僧居稱寺本此，可作參考。

 **法** 的由來

關於「法」的由來，說起來很有意思。「法」是傳說中古代的一種神獸，模樣與山羊相似，頭上有一隻角，性情凶猛，嫉惡如仇，可以明察真偽，「仗義執言」。「法」遇人相鬥，就會用角去撞理虧的一方，見人相爭，就會用嘴去咬錯誤的一方。牠平時不知道在什麼地方，但又像是一位冥冥之中的神靈，每時每刻都在關注人們的行為。作為獸的「法」，卻是人類良知的判官，暗喻人類永遠無法逃離動物的界限，人類永遠需要一種發自本能的以及與動物規則和自然規則相符合的天然裁判，來判定自己的行為是否「合法」——即是否符合人類良知的本能。

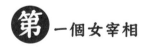 **第** 一個女宰相

商代的宰相，叫做「少臣」，少臣即小臣，古文少小通用。武丁卜辭

記載：「戊午卜，小臣不其女力？」「不其女力」，就是問是不是生小孩，這個小臣就是女性。康丁卜辭中有「小妾臣」，妾為人名。卜辭慣例，人名從女者皆為女。這樣看來，中國歷史上留下名字的第一個女宰相就是這個商王康丁時期的小臣妾。

刑 的由來

刑法的「刑」字，同「荊」，古字寫作「荊」。刑起源於奴隸社會，當時實行井田制，井田中間有一口井，有時候眾人為了搶水造成一些人落井，奴隸主為了防止人們搶水，就派人拿著刀去守衛井口，如果誰再搶，就把誰的頭砍掉，以示懲罰。這就叫做用「刑」，以後逐漸形成比較完整的刑法。

監 獄的由來

中國的監獄產生於何時？是誰發明的？唐朝解釋法律的重要著作《唐律疏議》記載：「皋陶造獄。」皋陶是四千多年以前傳說中的人物，舜帝時期曾經被任命為刑法官，是掌管刑罰和發明建造監獄的首創者。中國古代監獄中，都掛有皋陶的畫像，不僅獄吏和獄卒，甚至連犯人也像拜神一樣拜他。

「監獄」一開始並不是叫做監獄，夏朝叫做「宮」，商朝叫做「圄」，周朝叫做「圜土」，秦朝叫做「囹圄」，漢朝才開始叫做「獄」。秦朝時期，不僅京城有獄，地方也開始設獄。漢朝時期，監獄更是名目繁多。南北朝時期的北朝，又開始掘地為獄，發明「地牢」。唐朝時期，州縣都有監獄。宋朝時期，各州都設置類似周朝的圜土的獄，犯人白天勞役，晚上監禁。明朝時期，京、州、府、縣都有監獄，清朝沿襲下

來。

監獄的職能，根據《唐律疏議》記載：「獄者，確也，以實囚情」，「以圜土聚教罷民」，即對犯罪的事實要進行核實，對犯人要教與改。但是實質上，封建時期的監獄只是勞動人民的地獄。

四書是什麼書？

「四書」，是《大學》、《中庸》、《論語》、《孟子》四部書的合稱。

《大學》，相傳是曾參（孔子的學生）的學生記述曾參言論的書。

《中庸》，相傳是孔子的學生子思所寫。

《論語》是孔子的學生記載孔子言論的書。

《孟子》是戰國時期孟軻的著作。

到了宋朝，朱熹把這四部書輯錄在一起，合稱「四書」，並且做出注釋，用來教授學生。

宋代以後，兒童上學，熟背《三字經》和《百家姓》一類的啟蒙讀物以後，接著就讀「四書」。科舉考試也規定以這四部書為依據，考題就是「四書」裡的字句。

萬貫是多少？

人們經常用「腰纏萬貫」來形容錢多和富有。萬貫究竟是多少？

古時候的銅錢一般是用繩子穿著的，1000枚銅錢叫做「一貫」。明朝洪武八年（西元1375年），發行紙製「大明通行寶鈔」，面額為「壹貫」。當時，壹貫等於銅錢1000枚或是白銀1兩，或是黃金1/4兩。由此

換算，萬貫等於黃金2500兩，確實是一筆為數不少的財富。

紗帽

烏紗帽，如今已經成為官職的代名詞。其實，最初的烏紗帽並非如此。

烏紗帽最早見於《隋書・禮儀志》：「帽，古野人之服也……宋齊之間，天子宴私，著白高帽，士庶以烏。其制不定，或有捲荷，或有下裙，或有紗高屋，或有烏紗長耳。」由此可知，烏紗帽一開始就不是官帽，而為天子及士庶之通服。

烏紗帽之為官帽，始於明代。《明史・輿服志》：「洪武三年定，凡常朝視事，以烏紗帽、團領衫、束帶為公服。」自此以後，烏紗帽就成為官帽的通俗說法。

什麼是二十四史？

《史記》：〔西漢〕司馬遷撰

《漢書》：〔東漢〕班固撰

《後漢書》：〔南朝宋〕范曄著

《三國志》：〔西晉〕陳壽著

《晉書》：〔唐〕房玄齡等人撰

《宋書》：〔南朝梁〕沈約撰

《南齊書》：〔南朝梁〕蕭子顯著

《梁書》：〔唐〕姚思廉著

《陳書》：〔唐〕姚思廉著

《魏書》：〔北齊〕魏收撰

《北齊書》：〔唐〕李百藥撰

《周書》：〔唐〕令狐德棻等人撰

《南史》：〔唐〕李延壽著

《北史》：〔唐〕李延壽著

《隋書》：〔唐〕魏徵等人撰

《舊唐書》：〔後晉〕劉煦等人撰

《新唐書》：〔宋〕歐陽修等人撰

《舊五代史》：〔宋〕薛居正等人撰

《新五代史》：〔宋〕歐陽修主修

《宋史》：〔元〕脫脫主修

《遼史》：〔元〕脫脫主修

《金史》：〔元〕脫脫主修

《元史》：〔明〕宋濂等人撰

《明史》：〔清〕張廷玉等人撰

趣聞雜談

鈔票上的格言

法國：自由、平等、博愛。

荷蘭：我們要堅持住。

瑞士：一切為大家，大家為一切。

約旦：建設國家，為國盡忠。

比利時：團結就是力量。

安道爾：人不犯我，我不犯人。

紐西蘭：永遠正直。

秘魯：穩定和幸福，來自眾人的團結一致。

瓜地馬拉：自由。

智商一詞的由來

「智商」，是心理學智力測驗的一個專門術語，即智力商數。智力測驗是19世紀60年代英國高爾頓從遺傳決定論出發，用統計方法研究人類的智力差距而首次提出。1905年，法國心理學家比奈和賽門兩人合作首先把智力測驗用於學校。他們用文字、語言、圖畫、物品等形式，編成一套課題，要求受試者用語言、文字、動作來解答。然後，根據同一年齡兒童的智力年齡，編製一套「量表」，作為衡量兒童智力程度的標準。後來，美國心理學家特曼修正《比奈－賽門量表》，提出用「智力商數」來衡量兒童的智力發展程度，他制定一個「智力商數」的公式：智力年齡÷實足年齡×100=智力商數。例如：某個兒童「智力年齡」和實足年齡相等，其智力商數就是100，這個兒童智力發展程度是中等的。一般來說，智力商數

在120以上為聰明兒童，高於130為天才兒童，在80以下為愚笨兒童。

無冕王一詞的由來

「無冕王」的說法，最早出現在19世紀的英國。當時，《泰晤士報》被稱為英國上流社會的輿論權威，主筆辭職以後，經常被內閣吸收為閣員，地位很高，人們就稱這些報紙主筆是「無冕王」。

後來，西方新聞界泛指記者為「無冕王」，認為記者享有凌駕於社會眾人之上的特殊地位。

蛋捲冰淇淋的由來

大馬士革出生的漢姆威是一個點心小販。1904年，他獲准在聖路易世界博覽會出售一種波斯餅，吃的時候要加糖或是其他甜料。他的攤位附近有一個出售冰淇淋的攤位，用小碟裝冰淇淋賣給顧客。有一天，賣冰淇淋的小販把小碟用完了，漢姆威看到以後，就把熱的薄餅捲成一個錐形筒，等到冷卻以後，他拿去送給出售冰淇淋的小販裝上冰淇淋，不料大受歡迎，被譽為「世界博覽會冰淇淋捲」，也就是現在的蛋捲冰淇淋。

遮羞布的由來

根據《舊約・創世紀》記載：上帝把他造出的第一個男人和女人，即亞當和夏娃，安置在伊甸園內生活。

上帝吩咐亞當和夏娃，園內各種樹上的果實都可以任由他們摘吃，只有分辨善惡的智慧樹上的無花果不能摘吃，吃了以後就會斷送性命。

有一天，蛇對夏娃說：「你們吃智慧樹的果子不一定會死，因為上帝知道你們吃了那些果子，眼睛就會看得見，就和上帝一樣能知善惡。」夏娃聽了蛇的話，就摘下無花果和亞當一起吃，結果兩人眼睛果然明亮起來，才知道自己是赤身裸體的。於是，兩人立刻拿起無花果樹葉編成裙子來遮身。從此以後，無花果樹葉就成為「遮羞布」的同義詞。

世界十大語言

全世界講漢語的有13億人；講英語的有2.58億人；再其次為法語，使用人數有2.33億人；以下為西班牙語，2.13億人；北印度語，2.09億人；阿拉伯語，1.25億人；葡萄牙語，1.24億人；孟加拉語，1.23億人；德語，1.2億人；日語，1.1億人。

但是，英語流行最廣泛而又普遍。根據統計：全世界大概另有3.5億人，都瞭解英語。

其次為法文，凡是外交和藝術或是優美的文字，都要請教它。

霓虹燈的由來

讓電燈像天上彩虹一樣，發出七彩的光線！這個大膽而新奇的想法，在英國著名化學家拉姆齊的腦海裡，已經醞釀很長時間。為此，拉姆齊進行許多研究和試驗，1898年6月的一個晚上，奇蹟終於發生了！

在拉姆齊的試驗室裡，他和他的助手們在真空玻璃管裡注入一種稀有的氣體，然後把封閉在真空玻璃管中的兩個金屬電極連接在高壓電源上。這個時候，拉姆齊預想的奇蹟出現了，真空玻璃管內的稀有氣體不僅可以導電，最重要的是：玻璃管呈現迷人的紅光，這就是全世界第一支霓虹燈。拉姆齊注入玻璃管內的稀有氣體，就是現在我們所說的氖氣。當時，

拉姆齊給它取名叫做「Neon」（即「新」的意思）。後來，拉姆齊繼續這項研究，先後發現氙氣可以發出白光，氬氣可以發出藍光，氦氣可以發出黃光，氪氣可以發出深藍光。由於這些燈光五顏六色，色彩紛呈，好像雨後天上的彩虹，根據拉姆齊第一次為這種燈的氣體命名的「Neon」讀音，人們就把這種燈稱為「霓虹燈」。

最早的霓虹燈首先應用於軍事，當時主要用來做信號燈，後來才被商人應用於廣告和商店的裝飾。

乾杯一詞的由來

「乾杯」一詞，據說起源於16世紀的愛爾蘭，原意是「烤麵包」。當時，愛爾蘭的飲酒者經常有這樣的習慣：將一片烤麵包放入一杯威士忌酒或啤酒中，以改善酒味，並且藉以去除酒的雜質。到了18世紀，「乾杯」這個詞語才有現在的含義，並且發展為祝酒頌辭。乾杯的時候，人們往往還要相互碰杯，據說與教堂敲鐘是同一個意思，作用是為了驅除惡魔。在過去，乾杯的時候總是右手執杯，伸直與肩膀齊，這是為了讓對方看到，祝酒者彼此腰間都沒有暗藏武器，表示友好的意思。

日本「浪人」的由來

在一些電視劇中，經常看見日本「浪人」的形象。「浪人」是怎樣的人？

日本古代國家最高統治者是天皇，但是在1192年到1867年的670多年之間，天皇成為被架空而沒有實權的象徵物，一切大權落在「征夷大將軍」手中。由於大將軍是依據軍事實力控制國家政權，所以就把大批武士收羅在自己門下，封賜給他們土地和榮譽。於是，武士就成為日本古代一

種相當於中下等貴族的特殊階層。在長期的國內政治動亂和戰爭中，一批又一批武士失去靠山，也失去自己的土地和榮耀的地位。他們又不甘從事下層人民的生產勞動，就成為倚仗武功到處流浪的人，當時稱為「浪士」，也叫做「浪人」。1868年日本明治維新，政歸天皇，無業浪人就有許多來到中國。後來的幾十年時間，正是中國遭受列強侵略瓜分的時代，許多日本浪人成為日本侵略中國的爪牙，其中當然有身懷絕技而剛猛信義的人物。這就是我們在有些電視劇中看到的日本「浪人」形象的歷史生活素材。

不鏽鋼的由來

現在不鏽鋼製品在工業、農業、日常生活等各方面都得到廣泛的應用。追溯其歷史也只是20世紀初期的事情，法國的居耶和波魯茲兩人在煉鐵時，發現如果摻一些鉻，冶煉出來的鋼就可以抵抗空氣、酸、鹼、鹽的腐蝕作用，稱其為不鏽鋼。但是當時不知道它有什麼用途，直到1912年，美國的赫因斯和英國的布雷爾利設計製造不鏽鋼刀類的日用品以後，才逐漸製造各種不鏽鋼日用品。

聯合國大會如何安排座次？

召開聯合國大會時，各會員國代表的座位是根據機率和字母順序相結合的方法來排定。聯合國大會在開會前，先將所有會員國的英文名字卡片放在一個盒子裡，由工作人員像抽籤一樣，抽出一個會員國的名字卡片，這個被抽出的國家的代表就排在第一號座位，以下按照英文字母順序依次類推。但不是從「A」開始，而是從排在第一號座位上國家的英文名字的第一個字母開始。例如：1997年，卡達（Qatar）的名字卡片被抽出來，

所以從「Q」開始。

鮮為人知的聯合國國歌

　　每個國家都有自己的國歌，你是否知道聯合國也有它的國歌？聯合國國歌誕生於1945年，它是美國詩人哈羅德‧羅梅根據蘇聯作曲家蕭士塔高維奇的歌曲《相逢之歌》的曲調重新填詞而成。歌詞大意是：「太陽與星辰羅列天空，大地湧起雄壯歌聲，人類同唱崇高希望，讚美新世界的誕生。奮起解除國家束縛，在黑暗勢力壓迫下，人民怒吼聲發如雷鳴，如光陰流水般無情。太陽必然地迎著清晨，江河自然流入海洋，人類新世紀已經來臨，我子孫許多自由光榮。聯合國家團結向前，義旗招展，為勝利自由新世界攜手並肩，為勝利自由新世界攜手並肩。」

關於人權宣言

　　1999年是紀念聯合國人權宣言50周年。1948年12月10日，聯合國大會在巴黎通過《世界人權宣言》。它起初只是一份意向聲明，如今得到充實，並且以國際法的形式確定下來，內容摘要如下：

　　第一條：人生來自由，在尊嚴和權利上一律平等。他們賦有理性和良心，並且應該互相以博愛精神相對待。

　　第二條：任何人有資格享有本宣言所記載的一切權利和自由，不分種族、膚色、性別、語言、宗教、政治或其他見解、國籍或社會出身、財產、出生或其他身分等任何區別。

　　第五條：任何人不得加以酷刑，或施以殘暴的、不人道的、侮辱性的待遇或刑罰。

第九條：任何人不得加以任意逮捕、拘禁、驅逐出境。

第十九條：任何人享有主張和發表主張的自由。

第二十條：任何人享有和平集會和結社的自由。

第二十六條：任何人都有受教育的權利。

合國費用如何分攤？

聯合國現有工作人員4.1萬人，分別在紐約、日內瓦、維也納三地任職，其中紐約總部大概有1.4萬人。

聯合國的費用採取兩年預算制，1994～1995年度為25.8億美元，1996～1997年度為25.1億美元。

聯合國總共有成員國193個，根據各成員國的貧富程度等因素，每年各國分別攤派到一定比例的費用（分攤比例每三年調整一次）。美國所佔比例最高（25%），1996～1997年度應繳6.275億美元；日本次之（15.44%），應繳3.875億美元；德國第三（9.05%），應繳2.269億美元；中國目前居第十九（0.73%），應繳1832萬美元。包括越南和蒙古在內的近百個國家，每年總共繳納25萬美元（0.1%）。

合國秘書長是什麼職務？

聯合國秘書處設秘書長一人，他是聯合國行政主要負責人，在聯合國大會、安全理事會、經濟及社會理事會、託管理事會的一切會議中，以秘書長資格行使職權。因此，這個職務一直被世人視為當今世界最艱鉅、最難勝任、最富挑戰性、最令人欽慕的工作，年薪高達23萬美元。秘書長應該具備以下幾項條件：知識淵博，在政治經濟等領域有很高閱歷；精力充

沛，具有出類拔萃的組織和領導能力；可以流利地說英語與法語；口才出眾，具有嫻熟的演說和對話技巧；辦事果敢，有改造聯合國官僚體制的膽略；堅持原則，處事嚴肅公道。

子 彈頭為什麼是用鉛灌的？

許多人總是認為，子彈灌鉛是為了可以「炸子」，增大殺傷力。其實不然，用鉛做彈頭，是因為鉛的比重比鈉、鐵、銅更大。在形狀和大小相同的情況下，重的彈頭會比輕的彈頭飛得遠，用鉛灌子彈頭，是為了打得遠。

圓 周為何分為三百六十度？

我們平常接觸的數字制，一般是十進位，可是圓周卻不同，它不是分為十度或一百度，而是分為三百六十度。為什麼圓周會分為三百六十度？

古巴比倫人在長期的生產過程中創造燦爛的文化，在科學上最偉大的成就是天文學和數學。早在西元前20世紀，古巴比倫的天文學家已經對日蝕和月蝕有研究。他們測出的一個太陽月的持續時間和精確度，與現代天文學的計算只差零點四秒，這是一個偉大的成就。古巴比倫人把一晝夜均分為十二個時間單位，與中國古代把晝夜分為子、丑、寅、卯等十二個時辰完全一樣。他們還把每個單位再分為三十分，一晝夜總共三百六十分，這個「分」相當於現在的四分鐘。天文學與數學的關係極為密切，古巴比倫人的數學非常發達，他們的數字制採用六十進位，即前一位數字是後一位數字的六十倍。當時，他們還計算出人們視覺印象中太陽的直徑與天穹周長的比例。從視覺角度來說，太陽從東邊地平線升起西邊地平線落下，這個運行的軌道即是天穹的半圓。從地球上看過去，在視覺中，太陽的直

徑剛好是天穹半圓的1/180。也就是說，一百八十個太陽緊密排列剛好把天穹半圓排滿。太陽從前一個位置移到後一個位置，正好需要一「分」時間——即現在的四分鐘。因此，古巴比倫人把天穹半圓分為一百八十等分，每等分就是太陽的「直徑」，叫做「度」。天穹半圓是一百八十度，整個圓就是三百六十度。

 ## 手 槍 的 由 來

　　歐洲最初的手槍出現於14世紀，當時是一種單手發射的手持火門槍，15世紀發展為火繩手槍，隨後被燧石手槍取代。19世紀出現擊發手槍以後，1835年美國人塞繆爾・科爾特改進轉輪手槍，取得英國專利，這支槍被認為是第一支真正成功並且得到廣泛應用的轉輪手槍。

　　1855年以後，轉輪手槍採用雙動擊發發射裝置，並且逐漸改用定裝式槍彈。自動手槍出現於19世紀末期，1892年奧地利首先研製8公釐的肖伯格手槍，1893年德國製造7.65公釐的博查特手槍，1896年又在德國製造7.63公釐的毛瑟手槍。從此以後，手槍的研製異常迅速，出現許多型號。由於自動手槍比轉輪手槍初速大、裝彈快、容彈量多、射速高，因此自20世紀初期以來，各國大多採用自動手槍。但是轉輪手槍對無法擊發的子彈處理十分簡便，所以一些國家還在使用。

　　一般的轉輪手槍和自動手槍主要用於自衛，稱為自衛手槍；少數大威力手槍和衝鋒手槍，火力比較強，有效射程比較遠，稱為戰鬥手槍。此外，還有特種手槍，包括滅音手槍和各種隱形手槍，用於執行特殊任務。

 ## 步 槍 的 由 來

　　自從火器出現以後，各種後膛槍的發明不斷出現。最迫切需要解決的

問題是防止爆炸時的氣浪衝向開槍人的面門。最終的解決辦法是使用一個獨立的雷管，把炸藥和彈頭密封在一起。

自從1800年發現雷酸汞（一種敏感的炸藥，可以用來起爆的火藥）以來，各種新想法層出不窮。一些看來不可能在這個方面做出發明的人卻做出貢獻，例如：一個叫做福賽斯的蘇格蘭牧師和一個叫做蕭的風景畫家發明撞擊引爆和銅雷管；一個叫做鮑利的瑞士工程師發明一種獨立的彈藥筒。不久以後，一個為鮑利工作的普魯士軍械工人馮‧德雷澤發明長撞針，他把自己製造的槍稱為「針槍」。

事實上，德雷澤槍由於口徑大和槍機漏氣，不如羅蘭茲前膛槍受人歡迎。但是在打仗時，可以在後膛迅速裝彈使德雷澤槍成為一種優越的武器，直接從這種槍發展起來的機柄式步槍成為標準設計。它的初速高，射程為2000～3000碼，每分鐘可以發射10發子彈，這種步槍至今還是廣泛使用的步兵武器。

潛艇的由來

潛艇，作為一種新式武器出現，與船舶有所不同，它經歷極為曲折的過程。如果不是戰爭和鮮血，潛艇不可能及早地問世。

人類設想製造一種水下航行工具的想法，很早以前就已經萌生。1620年，荷蘭人戴博爾發明並且建造世界上第一艘潛艇，在英國泰晤士河上試航的時候，成功地潛入水下4～5公尺。

後來，美國人大衛‧布希奈爾又建造一艘供實戰使用的潛艇，名叫「海龜號」，只能乘坐一個人，完全是用木頭製成，利用人力搖動曲柄轉動的螺旋槳推進。1776年，美國水兵埃茲拉‧李駕駛這艘海龜號潛艇，駛近停泊在紐約港的英國船艦。因為他無法將炸藥包固定在船底，只是在英國船艦附近的水面上爆炸，英國船艦並未受傷。

在世界潛艇史上，最早把潛艇應用在實戰中，應該是英國人約翰‧菲利普‧霍蘭。

潛艇第一次在海戰中正式使用，是在第一次世界大戰時期。1914年9月，德國和英國在丹麥海岸附近發生海戰，德國潛艇「U-9號」擊沉英國「克雷西號」、「阿布基爾號」、「霍格號」三艘巡洋艦。當時，霍蘭才逝世一個多月，德國人就是根據霍蘭的潛艇結構和原理，建造使世界為之震驚的潛水船艦。

依靠指紋破案的由來

1905年3月某一天，英國倫敦一家顏料店老闆法羅被殺害。偵探福克斯聞訊趕到出事現場，他發現在房間的角落裡有兩個黑色的面具，因此分析這件凶殺案是由兩個人所為。在法羅的床下，福克斯看到一個被洗劫一空的錢箱。在箱蓋的內襯上，福克斯發現一個完整的指紋。於是，他細心地用紙將錢箱包好，然後親自帶著錢箱去警察局化驗。

然後，福克斯開始在法羅的左鄰右舍中，進行周密細緻的調查。一位老太太回憶，發生凶殺的那天早晨，她從窗戶看見兩個男人從顏料店的門前疾跑而過，其中一個穿著咖啡色的大衣。一個小女孩對福克斯說，她在法羅被殺害的那天早上，看見顏料店的大門裡探出一個衣服上沾有血跡的男人，只見他慌張地到處掃視以後，急忙將身體縮回去，隨後關上顏料店的大門。

經過一番調查和分析，福克斯認為阿爾佛雷德和阿伯特兄弟是重點嫌疑犯。他又從房東太太那裡瞭解到，房東太太在一次打掃房間時，曾經在阿伯特的棉被下發現黑色的面具，阿爾佛雷德在案發當天就穿著一件咖啡色大衣。

人證物證俱在，可是阿爾佛雷德和阿伯特百般抵賴，就是不認罪伏

法。這個時候，福克斯取來他們的指紋，發現阿爾佛雷德右手的拇指指紋與留在法羅錢箱上的指紋一模一樣，凶殺案終於真相大白！警察局批准逮捕阿爾佛雷德和阿伯特，福克斯也因為第一個使用指紋破案而被人們認為非常了不起。

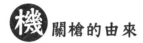關槍的由來

機關槍簡稱機槍，是裝有槍架可以自動連續發射的槍，分為輕、重、高射幾種。機關槍源於英國，由英國人海勒姆・馬克沁發明。馬克沁在美國出生，40歲的時候來到倫敦。那個時候，歐洲各國製造的步槍都很笨重，能否把火藥氣體的力量利用起來，製造一種自動射擊的槍？

從此以後，馬克沁開始研究自動武器。他首先改變供彈方式，造出一條長彈帶，但最關鍵的是怎樣使槍自動地完成發射、抽殼、拋殼、供彈。馬克沁反覆研究，終於克服難關。1884年，機關槍試驗成功，消息很快傳遍歐洲。此後，馬克沁不斷改進機關槍的性能，並且到各國進行實驗和表演。不久之後，英美等國相繼裝備機關槍。

元素符號的由來

在化學元素這個大家庭中，至今已經匯集118個成員。在化學元素週期表中，它們各佔一個位置，而且還用不同的符號來表示。在古代，全世界沒有統一的元素符號，人們都是根據自己的情況和需要定符號，真是五花八門，既複雜又難懂。

在古希臘，化學家把金屬的符號都用行星符號來表示，例如：太陽等於金，月亮等於銀，火星等於鐵，金星等於鋼……其他一些元素符號，則採用希臘名稱的縮號。

到了19世紀，道爾頓改用各種圓圈來表示元素，雖然比之前的符號有些改進，但是使用仍然不方便。

為了便於各國進行技術交流和使用元素符號，1860年世界各國化學家在卡爾斯魯爾召開代表大會，制定通過世界統一的化學元素符號，規定：元素符號均以該元素拉丁文開頭字母來表示。如果遇到有些元素拉丁文開頭字母相同，就在開頭字母旁邊寫上第二字母（小寫），以示區別。如果第二個字母也相同，則取第三個字母。

核按鈕是怎樣控制的？

前蘇聯實行雙重「核按鈕」制度，即把所有核導彈的發射權都集中於總統和國防部長之手，由二人分別控制。在發動核攻擊之前，總統身邊的特別專家小組協助他譯出存放在黑盒子裡的密碼，同時國防部長也譯出由他保存的發射指令密碼。兩組密碼必須在同一時間內傳遞到總參謀部作戰處，並且由電腦將兩組密碼混合成一組有十二位數字的密碼，再經由特別通訊頻率傳給導彈基地、潛艇、飛機。當它們接到發射密碼以後，要與本部隊保存的密碼核對，證實完全符合以後才可以啟動發射裝置。發射裝置必須由兩個人用各自專配的鑰匙同時啟動，這兩個鑰匙孔至少相距三公尺，以確保一個人無法發射核導彈。

美國的核戰略部隊也有類似的指揮控制系統，總統是唯一有權下令按動核按鈕的人。所有核攻擊戰略的具體實施，要由五角大廈作戰室與國家指揮中心協調指揮。

黑盒子為何可以查明失事飛機的原因？

民航機上通常有兩個黑盒子（實際為橘紅色），被安裝在飛機尾部最

安全的部位。

第一個匣子比較簡單，只是一個無線電話記錄器，記錄機組人員之間的對話，以及與其他人（例如：劫機者）的對話。這個匣子總共有四條音軌，第一條記錄飛行員與地勤人員的對話；第二條記錄正副駕駛員之間透過駕駛艙內部電話的對話；第三條透過駕駛艙內一個監聽器記錄室內所有聲音（包括：艙內人員「聊天」，特別是可以記下異常聲音：威脅、爆炸、引擎聲音異常……）；第四條記錄機長和空服員對乘客的說話。

這些記錄器的最大錄音時間是30分鐘，錄完30分鐘以後再從頭開始錄音。這樣一來，當事故發生時，記錄器內只有事故之前30分鐘的錄音，可以使人們瞭解事故出現之前的情況。

第二個匣子比較複雜，它是一個資料記錄器，記錄時間為25個小時，根據不同類型的飛機，可以記錄16～32種參數，包括：變化緩慢的格林威治時間、艙內溫濕度、收放起落架；變化迅速的風壓油壓、垂直加速、駕駛員反應……32種參數記錄25個小時需要大量磁帶，它透過飛機各部位的感測器接收資訊，轉成數位，用電碼脈衝調制法先後記錄在磁帶上，類似數位答錄機和雷射唱片，節省資訊載體，擴大資訊容量。

這種記錄器也使用自動迴轉磁帶，上面有14條音軌，錄滿以後再從頭開始記錄，可以提供分析事故的時候作為參考。

上述兩個黑盒子記錄的資訊，在大部分的情況下，是查明空難飛機事故原因的唯一線索。

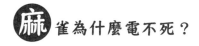

麻雀為什麼電不死？

高壓電線有幾千伏特到幾萬伏特的電壓，如果人們站在地面上碰觸到帶電的高壓電線，就有觸電身亡的危險。

當人們站在地面上時，不與電線中的火線接觸，身體就不會有電流通

過，也就不會觸電。如果穿上絕緣性能很強的膠鞋，用手去撥弄火線也不會觸電，因為膠鞋把人體與地面隔開。換句話說，此時人體與地面絕緣，身體接觸的只是一條火線，不會有電流通過身體。

麻雀停留在高壓電線上的時候，身體只接觸一根電線，無論是地線還是火線，不會有電流從麻雀的身體通過，只要麻雀沒有同時接觸兩根電線，即使是一萬伏特高壓電線，也不會把麻雀電死。

香水的由來

最早的香水製造者是古埃及的祭師，他們用草藥、蘆薈、鳶尾、月桂、薰衣草等芳香植物，浸在水中和酒中，在主持禮儀或喪事時，將它灑在身上或衣物上，散發馥郁的清香，這是最早的天然香水。在法國路易十五統治期間，凡爾賽宮有專人研製香水，選用香花有幾十種。製備的香水不僅香氣芬芳，而且配以精巧的包裝，已經顯得十分高貴。在現代社會，香水更是身價百倍。由於民族、地區、性別、年齡、經濟地位的不同，對香水的要求也不同，各式各樣的香水應運而生，例如：美國流行濃郁馥奇香型和米馨蘭香型，歐洲人喜歡柑桔、薰衣草、木香型……

飯店的星級是如何確定的？

當今世界的飯店分級制度中，以星級制比較普遍：一星代表經濟型，二星是一定程度的舒適型，三星是平均水準的舒適型，四星是高水準的舒適型，五星代表豪華型。

世界旅遊組織曾經對飯店等級的劃分標準做出以下建議：

一星級飯店至少有十間客房有暖氣設備；客房設備完善，有電視和地毯，有客房早餐供應服務。

二星級飯店除了上述以外，有電梯，客房有電話分機，有接待服務。

三星級飯店除了上述以外，有接待廳和閱覽室，有隔音裝置，客房寬敞，傢俱高品質，一半客房有外線電話，員工素質高。

四星級飯店除了上述以外，有寬敞的公共場所，有公寓式的客房，有兌換貨幣等接待服務。

五星級飯店除了上述以外，有高級寬敞的公共場所，有露天或室內游泳池，有國際電話，24小時世界各地快捷郵件等服務。

根據美國飯店業權威雜誌的介紹，把全世界規模最大的一流飯店列成排行榜，擁有客房1000間以上的五星級飯店，全世界總共有69家，美國佔據絕大多數，有43家。

天文地理

地球最厚處不是在赤道

　　地球最厚處，是指地心和地球表面距離最大的地方。這個地方在哪裡？有些人一定會不假思索地回答：「在赤道上。」因為地球是一個兩極稍扁赤道略鼓的球體，地心到赤道的距離是6378.1公里，比起從兩極到地球中心的6356.8公里大概長21公里。理所當然，赤道上地球的厚度比地球上其他的地方長，其實不然。

　　地球最厚處究竟在哪裡？要瞭解這個問題，必須瞭解地球的真實形狀。地球既不是正圓球形，也不呈橢圓球形，北半截比較細而稍長，南半截比較粗而微短，中間略鼓一些。通俗地說，地球的形狀有些像人們經常吃的「梨子」。

　　從地球的真實形狀，我們就可以看出，除去地表的起伏，一般說來，地球上比較厚的地方不是在赤道上，而是在略為鼓起的中間部分，也就是南半球靠近赤道的地區。

　　根據人造地球衛星測定，地球上最厚的地方是美洲的厄瓜多中部的欽博拉索山。欽博拉索山位於南緯1°28′、西經78°48′的交點處，正好在地球略為鼓起的中間部分。這座山海拔6268公尺，從頂峰到地心的距離為6384.1公里。

聽過「太陽黑子」不黑嗎？

　　太陽在人們心中的形象，一直是光芒四射的，但還是有人發現它的瑕疵。在中國，古人曾經記載：「日出黃，有黑氣，大如錢，居日中央。」這是世界上最早的有關太陽黑子的記錄。幾千年以來，關於太陽黑子的史料比比皆是，這是一筆寶貴的科學遺產，為後人研究太陽黑子提供寶貴資

料。

說太陽黑子黑，其實是比較而言，因為在太陽表面，黑子所在地區溫度相對比較低，只在3800℃～5000℃，比起太陽表面6000℃的地方，當然顯得比較黑。如果把它單獨拿出來，可是比月亮還要亮上幾百倍。那個時候，應該把黑子稱為「亮子」。

可是太陽黑子的溫度為什麼會比周圍的溫度低？這還是一個沒有定論的問題，有些人認為，是黑子區的強磁場阻止太陽深處的熱量傳到其表面，使其溫度比較低。也有些人認為黑子區輻射大量能量，使其溫度降低，但是真實原因還有待後人研究。

關於太陽黑子，還有許多不為人知的景象：在黑暗區，會經常出現一些「本影亮點」，它的亮度與光球差不多，有時候還會出現直徑2000公里的移動的結，被稱為「本影閃耀」。關於太陽黑子，還有很多未解開的謎，等待我們去進行研究。

銀河美稱的由來

銀河，在中國古典詩文中，有許多有趣的別稱。

天河。王建《秋夜曲》：「天河悠悠漏水長，南樓北斗兩相當。」

天漢。陸機《擬明月皎夜光》：「招搖西北指，天漢東南傾。」

星漢。曹操《觀滄海》：「星漢燦爛，若出其裡。」

星星為什麼會有不同的顏色？

美術家在畫夜晚星空時，會將星星畫成五顏六色。星星真的是五顏六色的嗎？是的。

其實星星遠遠望去，只有亮度的區別，很少有人關注其顏色。我們平常看到的太陽光看起來是黃色的，如果在三稜鏡下看，就會呈現紅、橙、黃、綠、藍、靛、紫七種顏色。星星的溫度越高，發出的光線中藍光的成分就會越多，這顆星星看起來就是藍色；如果這顆星星的溫度很低，發出的光線中紅光的成分就會越多，看起來就是紅色。也就是說，星星的顏色不同，說明其表面溫度不同。天文學家就是根據星星的顏色來估計其表面溫度。我們可以將星星的顏色與星星表面溫度的關係列出一個簡單表格來說明：

星星顏色	表面大致溫度（℃）
藍	40000～25000
藍白	25000～12000
白	11500～7700
黃白	7600～6100
黃	6000～5000
橙	4900～3700
紅	3600～2600

因此，我們就可以依據星星的顏色，來估計星星表面的大致溫度。例如：太陽看起來是黃色的，其表面溫度大概是6000℃。心宿二看起來是火紅色的，其表面溫度絕對不會超過3600℃。藍白色的天狼星，其表面溫度應該高達10000℃以上。

 ## 你 知道黑洞嗎？

你知道什麼是黑洞嗎？千萬不要以為是那些黑暗的山洞或地洞……現在要告訴你們的黑洞，是科學家預言的一種特殊天體。夜晚，天空中繁星

閃爍，可是除了這些閃閃發光的星星以外，還有一種看不見的天體，連光線也無法射出來。這些黑洞的天體，都有一個封閉的邊界，科學家將其稱為「視界」。外來的物質如果靠近它，就會被吸入視界內，視界內的任何物質都無法跑到外面，黑洞因此得名。根據天文學家估計，在銀河系可能存在一千萬個這樣的天體。

在我們看來，恆星都是像太陽那樣熾熱的火球，源源不斷地向外輻射光和熱。地球每時每刻圍繞太陽運轉，並未被它吸進去啊！其實，這種認識是不全面的。恆星也有衰亡的時候，當恆星的燃料用盡時，溫度就會下降。恆星也會在自身巨大的引力作用下（比地球引力大很多倍），不斷地收縮。我們可以進行設想，一顆三倍太陽質量的恆星在急劇衰亡中，由於強大的引力作用擠壓，瞬間把幾百萬公里的直徑壓縮成十幾公里。如果是像地球大小的天體，其直徑會被擠壓成不到兩公分，就像孩子玩的彈球那麼大。這個時候，恆星的單位體積的質量非常巨大，因此它的引力也會大得驚人。任何東西只要靠近它都會被吞掉，連光線也逃不出它的「手掌」。光線無法從它那裡發射出來，這樣一來，我們就無法看到這顆恆星——一顆恆星衰亡了，一個黑洞也因此形成。

雖然看不見黑洞，但是科學家可以利用黑洞對鄰近光線傳播的影響或是對鄰近伴星的影響來找到它。

宇宙工廠

宇宙工廠，是指在地球大氣層外的太空環境中建立的製造特殊產品的工廠。

為什麼要把工廠建造在宇宙中？那是因為在那裡的宇宙工廠具有地面工廠無法具有的高真空、無塵埃、無重力的特殊條件，在那裡生產的產品可以達到超純、超勻、超圓的特殊要求。首先人們想到的是，利用在失重

的太空環境裡，製造新材料和新合金。人們成功地生產地面上無法得到的高純度和大體積半導體晶體與單晶體，例如：單晶矽片和砷化鎵片，它們是現代電子工業的重要材料。在地球上，由於重力和污染的緣故，這些產品的性能很難達到理想的要求。

宇宙工廠可以生產如同泡沫塑料那樣的泡沫鋼，是因為在失重環境的空間軌道上，注入鋼水的氣泡既不會上浮也不會下沉，因此可以均勻地分布在熔融的鋼水裡，直到它冷卻凝固。這種鋼的重量很輕，可以浮在水面上，而其堅硬度和普通鋼一樣。人們還可以在宇宙工廠製取蛋白晶體，其速度比地面工廠快數百倍，純度比地面工廠製取高10倍。

預計將來的宇宙生產技術，可能需要在太空梭或空間試驗室中進行，也可能是把每個飛行物體作為一條生產線來實現，21世紀初期可望建造第一座宇宙工廠。

地球有多重？

英國著名物理學家卡文迪許（1731年出生於法國一個貴族家庭，自幼刻苦學習，勇於創新）年輕的時候，就立志要攻克科學險峰——「秤地球」！

為了「秤」出地球的重量，卡文迪許每天苦思不止。有一天，他到英國皇家學會演講，演講十分成功，因此在回家途中他顯得非常高興。他一邊走路，一邊欣賞沿途的風光，忽然之間，他看見一個孩子手裡拿著一面鏡子反射陽光，只要手中鏡子稍微轉動，遠處光點的位置立刻發生很大的移動。看著看著，一個念頭在他腦中浮現。卡文迪許非常興奮，立刻趕回實驗室，動手改進實驗裝置。他把一面鏡子固定在石英絲上，再用一束光線照射這個鏡子，鏡子將光線反射到一根工字刻度尺上。這樣一來，只要石英絲有微小的扭動，反射光線就會在刻度尺上有明顯的移動，進而提高

實驗的靈敏度。

卡文迪許看到自己的實驗有可喜的進展，心情十分激動，於是他繼續進行實驗，終於在1798年測出「萬有引力常數」。然後，再按照萬有引力公式，計算地球重量大概60萬億億噸。

卡文迪許「秤地球」的願望終於實現了。他看著自己的計算成果，熱淚流滿臉頰。這個時候，他已經是白髮蒼蒼的老人，年紀高達67歲。為了「秤地球」，耗費他將近50年光陰，這是一輩子心血凝成的「結晶」！

死 海名稱的由來

死海位於巴勒斯坦與約旦之間的西亞裂谷中，它是世界上最鹹的湖泊。這裡氣候炎熱乾燥，蒸發量很大，再加上湖面比海平面低424公尺，水無法流出去，含鹽量高達23%～30%（一般海水含鹽量為3.5%），不僅魚蝦不能生存，沿岸樹木也很難生長，因此被稱為死海。據說，西元70年羅馬統帥狄杜包圍耶路撒冷，曾經將幾個俘獲的奴隸丟入死海，但是他們卻漂浮在水面上，無法淹死。狄杜以為有「神靈」保佑，就赦免他們。原來，海水的含鹽量大，比重也大，死海的海水比重為1.172至1.227，比人體的比重（1.021至1.097）大，人們當然會漂浮在水面上。

太 陽什麼時候距離我們近？

現在科學研究已經證明：一天之內，無論早晨，晚上，還是中午，太陽距離地球的遠近是一樣的。

可是，為什麼會有大小遠近不同的感覺？

人們對物體大小的感覺會受到許多因素的影響，例如：物體的遠近、

表面的顏色與亮度、周圍的環境，都會影響人們的感覺。人們感覺到太陽大小的變化，就是因為受到環境的影響。

當你看到一輪初升的太陽時，其背景是地平線上的房屋、樹木、山嶺；太陽升到天頂的時候，背景只是廣闊無垠的天空，這樣一來，就會顯得比早晨初升的時候更小，這是一個錯覺。

此外，太陽的顏色在一天之間給人們的感覺也不一樣。早晨太陽初升時，陽光透過大氣層，短波的光線大部分發生散射，剩下波長比較大的紅光，所以是一輪紅日。中午的時候大氣層變薄，短波光線散射減弱，就會顯得十分明亮。

太陽相對地球來說，距離是一樣的，但是相對地球上某一固定點來說，還是有遠近之分。日升日落，陽光斜射這一點，中午的時候，陽光直射那一點，氣溫就會有涼爽與溫暖之分。

月 球上有什麼？

1969年，「阿波羅」太空船成功登陸月球以後，人類終於踏上這個亙古的神秘世界，揭示它的許多奧秘：

月球不像圓鏡那樣渾圓、平坦、晶瑩，它的形狀就像一個倒放的梨子，表面起伏不平，明暗相同。暗的地方是「平原」，亮的地方是「高地」。此外，還有「洋」、「海」、「湖」等各種特徵名稱。

太空人實地探測結果，月球上沒有水，也沒有大氣。因此，這裡不會有風、雲、雨、雪等天氣現象出現，也不必設置氣象台預報天氣。白天太陽照射的地方，溫度高達127℃；到了夜晚，下降到零下183℃。因為這裡沒有空氣可以作為傳播聲音的媒介，月球上萬籟俱寂，太空人相互對話，只能依靠無線電才可以進行。月球的引力只有地球的六分之一，一個體重60公斤的人，在月球上只有10公斤，行動起來，身輕如燕。由於沒有

大氣作為屏障，太陽紫外線和宇宙射線長驅直入，直接轟擊月球，在這樣嚴酷的環境裡，沒有任何動物和植物，連細菌也難以生存。這樣一來，月球實際上是一個無風、無水、無聲響、無生命、冷熱劇變、乾旱而荒涼的世界。

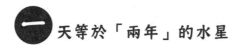一天等於「兩年」的水星

水星是太陽系九大行星中距離太陽最近的一顆行星，是地球的小弟弟，直徑還不及地球的一半，在九大行星中排行倒數第二。它雖然被稱為水星，實際上一滴水也沒有，完全是一個乾枯死寂的世界。水星上沒有大氣層，因此晝夜溫差很大。由於距離太陽近，白天經過太陽曝曬以後，地表溫度高達500℃以上；一到黑夜，熱量很快就散失，地表溫度降到零下170℃，晝夜溫差竟然達到600多度。在這樣的環境中，當然難以找到生命的蹤跡。

水星繞太陽公轉的速度很快，公轉一周相當於地球上的88天，但是水星的自轉速度很慢，自轉一周相當於地球上的59天。水星的自轉方向與公轉方向相同，因此它的一晝夜比它自轉一周的時間更長。根據計算，水星上的一晝夜為176天，白天和黑夜各為88天。如同地球上一樣，以水星公轉一周為水星上的「一年」，以水星上的一晝夜為水星上的「一天」，水星上的「一天」就相當於「兩年」。

由於水星上的一晝夜相當長，在水星上看太陽，太陽幾乎是不動的。又由於水星公轉的橢圓軌道比較扁（距離太陽最近的時候只有4600萬公里，距離最遠的時候達到7000萬公里），而且水星一個「白天」正好公轉一周，因此在水星的一個「白天」裡，天空中的太陽圓面的大小看起來會相差一半。

從地球上看水星，它略帶紅色，雖然比其他行星暗淡，但是在星空中

還算是一顆亮星。由於水星距離太陽最近，明亮的陽光經常遮掩水星的身影，所以肉眼很難看到。1975年3月16日，美國太空探測器「水手10號」抵達距離水星表面只有320公里的高空，拍下幾千張水星的照片。從照片上可以清晰地看到，水星表面布滿許多環形山、平原、盆地，地形和地貌與月球十分相似。

一 年只有「兩天」的金星

　　天亮前後，東方有些發白的天空中，有時候會出現一顆相當明亮的「晨星」，人們稱為「啟明星」。黃昏，西方灰白色的天幕上，有時候也會出現一顆相當明亮的「昏星」，人們稱為「長庚星」。這兩顆星星，實際上是同一顆星星，就是金星。金星是天空中除了太陽和月亮以外最亮的星星，所以人們又稱它為「太白星」或「太白金星」。

　　為什麼金星有時候出現於黎明前的東方，有時候又出現於黃昏後的西方？原來，金星是地內行星，在地球上看，它總是在太陽的兩側徘徊。當它運行到太陽的西側時，它就在太陽出來之前先從東方升起，這個時候它就是啟明星；當它運行到太陽的東側時，它就在太陽下山之後出現於西方天空，這個時候它就是長庚星。由此可見，啟明星和長庚星既不可能在深夜裡出現，也不可能在同一天裡看到。

　　金星繞太陽公轉一周相當於地球上的225天，自轉一周為243天。由於它的自轉方向與公轉方向相反，是逆向自轉，所以在金星上看到的太陽是西升東落的。金星的逆向自轉，使得它的一晝夜比它自轉一周的時間更短。根據計算，金星上的一晝夜為117天，白晝和黑夜大約各為59天，金星上的「一年」大約只有「兩天」。

　　金星的體積和質量都和地球相近，它也有大氣層，依靠反射太陽光發亮。從前，人們一直認為金星是地球的「雙胞胎姐妹」，可能有生命存

在。自從1961年以來，蘇聯先後向金星發射14個行星探測器，證明金星的大氣中有一層又熱又濃又厚的硫酸雨滴和硫酸霧雲層。大氣的主要成分是二氧化碳，佔97%，氫和氖的含量也比地球上更多；金星表面有90個大氣壓，相當於地球上海洋900公尺深處所受到的壓力。金星大氣層形成全球性的「大溫室」效應，地面溫度在480℃以上。顯然，在這樣的環境中，生命是難以存在的。

天 河在哪裡？

「天河」，就是夏天晚上頭頂上那一條乳白色光帶，從東北伸向西南，浩浩蕩蕩地橫貫天穹，氣勢磅礴，看起來好像一條流過天穹的大河，有些地方寬，有些地方窄，有些地方分成兩股支流，到其他地方支流又匯合起來。這就是我們古代所說的「銀漢」或「星河」，天文學上的學名叫做「銀河」。銀河是由1000多億顆恆星組成，銀河兩岸各有1顆亮星。河西那顆青白色的亮星，就是「織女星」，它近旁的4顆星，組成一個平行四邊形，就像織女織布用的工具──織梭，叫做「梭子星」。河東那顆白中透黃的亮星，就是「牛郎星」，兩旁各有1顆小星，三星相聯，形成一副扁擔似的，牛郎居中，兩端各為一個簍筐，合稱「扁擔星」。銀河中那個形似天鵝的天鵝座，就是故事傳說中的喜鵲在七夕搭起的鵲橋。

牛郎與織女在七夕相會的神話故事，寄託古代勞動人民對幸福生活的嚮往。實際上，牛郎星與織女星之間相距150多萬億公里，如果想要從「鵲橋」這頭步行到那頭，以每小時走5公里計算，晝夜兼程，也要走34多億年。搭乘現代最快的飛機（時速3600公里），也要500萬年才會抵達；即使搭乘每秒鐘飛行30萬公里的「光子火箭」，也要16年。真是「盈盈一水間，脈脈不得語」啊！

郵政的故事

信封的由來

通信從奴隸社會就開始了，只是通信方式不同而已。相傳，古代的奴隸主為了使書信傳遞保守秘密，就把奴隸的頭髮剃光，在頭皮上寫好信，等到奴隸頭髮長滿以後，再由奴隸去對方那裡，對方接到「信」以後，再把奴隸的頭髮剃光，就可以看到信。到了14世紀，人們寫信已經開始用紙，但是還沒有信封。後來，英國一家文具店老闆根據出售的信紙，苦心研究，設計第一個信封。人們將寫好的書信和公文用信封來封裝，既方便又保密，一直沿用至今。

郵票小史

郵票最先出現在英國，至今已經有一百七十多年的歷史。當時，英國已經完成工業革命，正在醞釀郵政改革。基德明斯特城有一個教師，名字叫做羅蘭・希爾，看到舊式郵政制度的弊病，提出改革的建議：國內寄信，郵費一律收取一便士，先付錢後送信，付妥郵費以後，在信封上貼一片印刷的小紙塊作為標誌，這就是最初的郵票。

這個辦法經濟而簡便，給人們通信聯繫帶來方便。1840年，國會通過羅蘭・希爾的改革方案，並且聘請他為推行這項改革的官員。政府為了防止偽造郵票，以確保國庫收入，決定在票面上印製圖案。根據羅蘭・希爾的意見，由畫家柯柏爾德設計，以維多利亞女王肖像為圖案。因為女王肖像為一般人所熟悉，如果有人偽造也容易被識別。1840年5月6日，世界上第一張郵票問世，面值有兩種，黑色的是一便士，藍色的是二便士。這個制度很快就被其他國家所採用。

1892年，美國打破郵票相沿五十多年的傳統，發行世界上第一套紀念

郵票，紀念哥倫布發現美洲大陸四百周年。這套郵票總共有十六張，圖案都是以記述哥倫布的生活為題材。

由於郵票圖案設計越來越精美，題材越來越豐富多彩，就成為人們喜愛的收集品。19世紀60年代，集郵活動開始興起。

 筒的由來

供郵信人投寄信件的郵筒（又稱為信箱），對於現在的人們來說已經不會感到稀奇。郵筒有木製的、塑膠的、有色金屬的，儘管它們種類繁多，樣式各異，但是履行的職責卻都相同。你可以想到最早的郵筒竟然是一隻靴子嗎？

相傳在1488年，葡萄牙一位名字叫做迪亞士的航海家率領的船隊在海上遇險，除了他乘坐的那艘船得以倖免以外，其餘船隻全部覆沒，一些船員下落不明。迪亞士返航之前，命令部下給可能生還的同胞寫一封信，放在一隻靴子裡，掛在海邊的枯樹枝上。一年以後，葡萄牙的另一位航海家途經此地，意外地「收」到「郵筒」裡的那封信。於是，就在當地修建一座教堂，紀念遇難同胞。

隨著時間的推移，教堂附近興起一個村鎮，靴子「郵筒」的故事被傳為佳話。此後，利用郵筒投寄信件這個形式也被流傳下來。

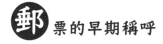 票的早期稱呼

郵票既是一種郵資憑證，又是一種精美的藝術品。郵票一詞雖然被人們廣泛使用，但是知道郵票在中國早期的名稱的人為數不多。

郵票在中國最早被稱為「人頭」，這是因為世界上早期郵票多以國家

元首頭像為主圖。例如：1840年發行的世界上第一枚「黑便士」郵票，即以英國女皇維多利亞的側面頭像為主圖。中國早期郵票多以「龍」為圖案，所以人們又把它叫做「龍頭」。郵票還被稱為「信票」、「信印」、「國印」……1880年，上海清心書館出版的《花圖新報》，有一篇文章就稱郵票為「信印」和「國印」，顯示郵票具有的內涵。1885年，葛顯禮翻譯英國皇家郵政章程，曾經將郵票譯為「信資圖證」。

郵票雖然在中國已經出現幾十年，但是對它的正式稱呼是1912年12月15日發行的《中華民國光復紀念》和《中華民國共和紀念》兩套紀念郵票，第一次印上「郵票」兩字開始的。

郵票有多少種？

普通郵票：一般只印國名和面值，發行數量比較多，面值和種類齊全，可以適應各類郵件郵資費的需要。

紀念郵票：圖案以紀念的事件和人物為主題，票面上除了國名和面值以外，還印有紀念名稱，印製精美，發行數量比普通郵票少。

特種郵票：為了宣傳某些事物而特別發行的郵票，構圖設計和發行數量與紀念郵票大致相同。

航空郵票：專門為郵寄航空郵件貼用的郵票，印有「航空郵票」字樣。

欠資郵票：用於欠資郵件的專用郵票。當郵局發現欠資郵件時，貼上應該補收的欠資郵票，向收件人補收現金。

小本票：專門裝訂一套或兩套以上的特種（或紀念）郵票本，可以逐枚撕下使用。

小型張：以某些紀念或特種郵票中的一枚帶寬邊印刷，框上印有與這套郵票有關的裝飾圖案或文字，一般面值比較高，這套郵票可以撕下或是

連同周圍邊框整張貼在郵件上使用。

小全張：有些紀念郵票或特種郵票發行時，另出一種把整套郵票排印成一張，叫做小全張。小全張也可以連同周圍邊框或是撕去邊框作為郵資使用。

連票：兩枚或兩枚以上的郵票相連在一起，叫做連票。中國發行的有：一、「四方連」，又稱為「田型連」，即四枚郵票成方型，圖案各不相同；二、「橫連」，是橫連在一起的郵票，有橫雙連、橫三連、橫五連。

附票（副票）：在連張票中，有些帶有附票，無面值，不能作為郵資使用。

小版票：在比較大的紙上，印上幾枚圖案相同的郵票，有些每張印有十二枚郵票。

郵票齒孔的來歷

現在的郵票周圍都有齒孔，既便於撕開又很美觀。可是，世界上第一枚郵票於1840年在英國誕生以後的十餘年，郵票周圍並沒有齒孔，整張的郵票在貼信前或出售時，必須用剪刀一枚一枚剪開，非常麻煩。

郵票上的齒孔究竟是如何而來？說起來，還有一個有趣的故事。1848年，有一位新聞記者在倫敦市中心的一家餐廳，一邊喝酒一邊撰寫當天的新聞，稿子寫好以後，分別裝進信封，準備寄到幾家報社。這個時候，他從衣袋裡取出一大張維多利亞女皇肖像郵票，想要向餐廳老闆借一把剪刀將郵票剪開。餐廳老闆說：「先生，實在對不起，我們這裡沒有準備剪刀。」稍後，這位聰明的記者順手從西裝衣襟上取下一枚別針，在郵票與郵票的空隙之間扎出一串均勻的小孔，然後輕輕撕開，就解決這個難題。

記者的舉動，被身旁一位名字叫做亞瑟・亨利的有心人看到，他設計

製造一台郵票打孔機，經過幾次改進以後，於1854年被英國郵政當局正式採用，同年發行世界上第一枚帶有齒孔的郵票。

 話軍郵

軍郵早在周朝即具雛形。漢唐時期，軍訊傳遞由郵驛擔任。宋代，驛傳分為三等：步遞、馬遞、急足遞。急足遞日行四百里，專門傳遞軍事消息。元代，各州縣廣設急遞鋪，遇到軍情緊急，日夜兼程，鋪鋪相接。明清時期，這種軍郵制度日趨完善。辛亥革命以後，1913年北洋軍閥出兵蒙古，曾經設立隨軍郵局，建有軍事郵遞所，並且備有專用的軍事郵戳。

郵戳小史

郵戳，一般總是認為比郵票產生得晚。事實上，郵戳誕生的日子，比世界上第一枚郵票——英國黑便士郵票，還早一百七十九年！世界上第一個有日期的郵戳，是英國亨利・比紹普1661年創製和使用。他設計的郵戳是一個小圓戳，分為上下二格：上格寫月，下格寫日，整個郵戳表示幾月幾日收件或寄件。這個郵戳，最早用於收寄倫敦的信件。17世紀末期，愛丁堡和都柏林也開始使用。18世紀，開始普遍使用。

集郵溯源

「集郵」一詞，最早出現於1864年。集郵活動，於1840年英國發行世界上第一枚郵票以後不久就開始。

1842年，倫敦《泰晤士報》刊登一位少女徵購舊郵票的廣告。據說，

她收到一萬六千餘枚郵票，用來進行室內裝飾。這應該是世界上最早的有據可查的集郵活動。19世紀50年代以後，發行郵票的國家逐漸增加。1852年，比利時首都布魯塞爾舉辦世界上第一次郵票展覽。1856年，英國已經有集郵商店。60年代以後，集郵書刊與集郵團體紛紛問世，集郵成為一項流行的文化娛樂活動。

中國自從1878年發行第一套郵票以後，次年即有人在上海《申報》刊登收購「信封老人頭」（即郵票）的廣告。1880年，上海《花圖新報》刊出《各國印館之信圖》，為中國第一篇關於集郵的文章。辛亥革命以後，集郵愛好者逐漸增多。1922年，中國第一部集郵專著《集郵須知》問世。

票 中票史話

「票中票」顧名思義，是指印有其他郵票全圖作為本郵票主圖的郵票。許多國家為了紀念郵政史的重大紀念日或是舉辦郵票展覽而印製郵票時，經常喜歡採用這種形式。

由於印在郵票上作為圖案的郵票經常是世界上或本國的珍貴郵票，收集一枚可以欣賞到兩枚以上的郵票，所以收集「票中票」已經成為一個吸引人的集郵專題。

世界上集郵界公認最早的「票中票」，是1940年墨西哥發行的世界第一枚紀念郵票誕生一百周年的郵票。

生 肖郵票史話

生肖郵票是按照年份發行，一年發行一種，十二種生肖郵票集全才是一整套。因此，想要集全十二種生肖郵票，要有很大的耐心，並且需

要十二年的時間。正因為這樣，所以生肖郵票特別受到集郵愛好者的青睞。有些亞洲國家在慶祝農曆新年（春節）時，也會發行生肖郵票。1950年，日本發行的賀年郵票，以十二生肖中的「虎」作為郵票的圖案，這是世界郵票發行史上最早發行的生肖郵票。台灣從1968年開始發行生肖郵票，至今沒有間斷。香港是在1967年開始發行第一枚生肖郵票「羊」票。

首 日封史話

首日封，是指新郵票發行的當天，貼用新發行的郵票，並且用當天的日戳或是用特製的紀念郵戳蓋銷郵票的信封。

首日封開始於何時？據說在1923年9月，美國發行總統沃倫・哈定的紀念郵票，商人喬治・林設計製作專門的信封，並且在左下角印上文字，售出以後，博得集郵愛好者的歡迎。隨著首日封設計印刷越來越精美，收集之風氣也逐漸盛行。美國不僅是首日封的發源地，而且還擁有五十多萬首日封的收集者。經銷幾十個國家首日封的萬國首日封公司和世界上唯一的首日封博物館均位於美國。

明 信片的來歷

1865年，德國有一位畫家在硬紙片上畫了一幅畫，在背面寫上一些問候的話語，準備寄給友人，但是找不到一個可以容納這張畫片的信封。一個郵局員工給他出了一個主意，叫他把收件人的地址和姓名一起寫在背面，然後就像其他信件一樣寄出去。這件事情引起高級郵務參贊史蒂芬的注意，他認為一封信從寫完到寄送十分麻煩，對於內容簡單而且沒有保密性質的信件，可以採用一種簡便而且不要封套的信件，即明信片。史蒂

芬的建議沒有被採納。四年以後，一個叫做赫曼的德國人說服奧地利的郵局，發行明信片，當時稱為「信函片」。

　　中國最早發行明信片是在1896年，為直型，印有萬年青圖案。

關於國家的那些事

漫話國家

帝國：一般泛指皇帝握有最高統治權力的君主制國家。但是近代資本主義國家中，以君主為元首的國家也經常稱為帝國，例如：大英帝國。

王國：是指以國王為元首的君主制國家，例如：沙烏地阿拉伯王國，就是一個政教合一的王國，國家的立法權和行政權都掌握在國王手裡。

共和國：是指那些採取共和制國家的通稱，其含義是泛指其國家代表機關和國家元首全部由選舉產生。它只是一種國家形式，在不同社會主義的國家有不同的性質。

合眾國：是指實行聯邦制國家的名稱，它由一個以上的成員邦（州）聯合成為一個統一的國家。

蘇丹國：蘇丹是阿拉伯語的音譯，意為君主或統治者。11世紀時期，被伊斯蘭國家的統治者廣泛使用。

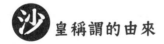

沙皇稱謂的由來

俄國最高封建統治者被稱為「沙皇」。在西元14世紀以後，東斯拉夫人在聶伯河和窩瓦河流域建立的大小封建公國，隨著經濟的發展，開始趨向統一，其中莫斯科公國勢力發展最快。到了15世紀下半葉，莫斯科公國大公伊凡三世憑藉實力征服各個小公國，最後又擺脫蒙古欽察汗國的控制，建立一個統一的俄羅斯中央集權國家。為了名正言順地進一步向外擴張，伊凡三世迎娶拜占庭帝國末代皇帝的侄女帕列奧羅格為妻。拜占庭帝國於1453年滅亡以後，伊凡三世自封為繼承人，妄想建立一個「第三羅馬帝國」，並且開始自稱「沙皇」。

「沙皇」的直譯為「凱撒大帝」，「沙」是「凱」的俄語音變。凱撒

是古羅馬顯赫一時的獨裁者，實為沒有加冕的皇帝。伊凡三世就是要步其後塵，但是並未正式加冕稱為「沙皇」。直到1547年，伊凡四世才舉行隆重儀式，正式加冕為「沙皇」。從此以後，俄國歷代封建君主大多襲稱「沙皇」。十月革命勝利以後，沙皇君主制最後被送進墳墓。

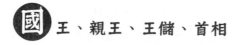

公爵、侯爵、伯爵、子爵、男爵

封建時期歐洲的一些國家的國王把土地分封給貴族，形成大封建領主。這些大封建領主又分封一些中小封建領主，他們在世襲的領地享有軍、法、政、財的權力，公、侯、伯、子、男爵是這些封建領主的爵銜。

公爵原本是對古代羅馬邊省將軍的稱呼，意思是統帥。公爵擁有大批領地，割據一方。後來，公爵逐漸成為貴族的最高爵位。

侯爵原本指具有特別全權的邊區長官，後來指世襲的大封建領主，其位階僅次於公爵。

伯爵原本指羅馬帝國皇帝的侍從，後來把地方上的長官也稱為伯爵。他們也割據一方，成為封建領主。封建末期王權加強以後，伯爵僅指貴族的爵銜，位階次於侯爵。

子爵和男爵是由大封建領主分封的，也是世襲的封建領主。男爵的位階低於子爵，是五個等級中的最低一等。在歐洲的一些國家，隨著封建社會的消亡，這些爵位逐漸失去實際的權力意義，成為一種社會地位的象徵。

國王、親王、王儲、首相

國王是君主制國家元首的名稱之一（有些稱皇帝或大公），在奴隸制

和封建制國家裡，總攬國家大權，例如：現在的沙烏地阿拉伯、科威特、尼泊爾等國。在君主立憲制的資本主義國家，國王的權力受到限制，例如：英國、荷蘭、丹麥等國。在帝制國家，國王有時候是皇帝封給臣民的最高爵號，例如：中國宋朝時期有淮海國王，元朝時期有木華黎國王，直到清朝時期才改為親王。

親王是皇帝或國王的親屬中被封為王的人，例如：英國的威爾斯親王。

王儲也稱為「皇儲」，是君主國的王位繼承人，一般是君主的兒子或近親。例如：英國女王伊莉莎白的長子查爾斯王子是法定王位繼承人，他是英國王儲。

首相是君主立憲制國家內閣首腦的名稱，例如：英國首相、日本首相，他們是國家的實際掌權者，而國王已無實權。但是也有例外，例如：沙烏地阿拉伯、科威特雖然是君主國，但是也有首相。首相一般主持由大臣組成的政府，只有行政權力，受到君主的控制。

美 國總統的屆、任、位

屆：按照美國憲法規定，每隔四年進行一次總統選舉，總統任滿四年為一屆。如果在任期內發生總統死亡或是因故去職，未能滿任，另由他人接任，這兩位總統同屬一屆總統。

任：是指擔任總統的次序。一人連續擔任幾屆總統職務，仍然為一任；但是一人在不連續的幾屆總統選舉中先後幾次當選，當選幾次就算幾任。

位：是指擔任過總統的人數。美國從1789年開始選舉總統至今，無論是連選連任，還是先後當選幾任，都是按照人頭計算，有幾位算幾位，不重複計算。

因此，1984年11月6日當選連任的美國總統雷根，就是第五十屆總統，他的「任」和「位」的序數不變，還是第四十任和第三十九位總統。

世界上的各種王國

根據統計，目前世界上總共有十六個王國。

亞洲有五個：不丹王國、尼泊爾王國、沙烏地阿拉伯王國、泰王國、約旦王國。

非洲有三個：賴索托王國、摩洛哥王國、史瓦濟蘭王國。

歐洲有七個：比利時王國、丹麥王國、荷蘭王國、挪威王國、瑞典王國、西班牙王國、大不列顛及北愛爾蘭聯合王國。

大洋洲有一個：東加王國。

日本內閣中的省

日本內閣中的省，相當於行政院下的部，共有十二個省：

外務省主管外交和對外經濟合作。

法務省主管民事、刑事、教養、出入境。

大藏省（改編為財務省）主管國家預算、稅收、財政投資、金融貨幣、國有財產。

文部科學省主管教育、文化、體育、宗教事務。

厚生省（改編為厚生勞動省）主管社會福利、社會保險、醫藥衛生。

農林水產省主管農業、林業、水產、畜牧。

通產省（改編為經濟產業省）主管工商、貿易、資源、能源、專利、

中小企業。

運輸省（改編為國土交通省）主管水陸運輸、航空、旅遊、氣象、海上保安。

郵政省（改編為郵政事業廳）主管郵電、郵政、儲蓄。

勞動省（厚生勞動省）主管工人福利、就業。

建設省（改編為國土交通省）主管國土規劃、城市規劃、住宅、公路、河流。

自治省（改編為總務省）主管地方行政、公職選舉、消防。

何謂「兩院制」？

西方國家的立法機關分為兩院，一般稱為兩院制，大多數資本主義國家都採用這種制度。兩院的名稱各國不同，例如：美國稱為眾議院、參議院，英國稱為下議院（或平民院）、上議院（或貴族院），法國稱為國民議會、共和國參議院，印度稱為聯邦院、人民院。上議院議員有些由間接選舉產生，有些由元首指定，有些是終身制，有些是世襲。上議院經常是保守力量的代表，它一般都有權力否決或延緩下議院通過的法案，進而牽制下議院。下議院的議員雖然從形式上看是直接選舉產生，但是選民的選舉權受到各種限制，一般平民很難進入議會。兩院是資產階級共和政體按照行政、立法、司法三權分立的學說而建立的立法機關，它實際上代表資產階級的根本利益。

九大行星的國際名稱

太陽系九大行星在國際上的稱呼：

地球：國際名「蓋亞」——希臘神話中的大地女神。

金星：國際名「維納斯」——愛與美的女神。

木星：國際名「朱庇特」——古羅馬神話中的眾神之王。

水星：國際名「墨丘利」——為眾神傳遞訊息，並且掌握商業和道路之神。

火星：國際名「瑪爾斯」——古羅馬戰神。

土星：國際名「薩圖爾努斯」——古羅馬農神。

天王星：國際名「烏拉諾斯」——希臘神話中的天神。

海王星：國際名「尼普頓」——羅馬神話中的海神。

冥王星：國際名「普路托」——希臘神話中的冥王。

印 度婦女額上的紅印

我們在印度電影中，經常會看到一些婦女額上點有紅印。在額上點紅印，是印度婦女信奉印度教的一種習俗。點紅印並非為了美觀，而是有一定含義：一是表示這個婦女已婚，二是表示她的丈夫健在，三是表示她的家庭平安吉祥。點紅印的時間是在結婚當天，由丈夫用朱砂粉在妻子額頭按上一個圓點。從此以後，只要丈夫健在，妻子每天都要為自己點紅印。

美 國婦女的稱呼

「先生」、「太太」、「小姐」的詞義是眾所周知的。「先生」是對成年男子的稱呼，「太太」和「小姐」用來稱呼已婚和未婚女子。用「女士」來稱呼不知道結婚與否的女子，已經有幾個世紀的歷史，這個名詞首先出自美國商人之口。如今，大多數美國婦女已經樂於接受這個稱呼。她

們認為，「先生」的稱呼掩蓋男子的婚姻情況，對男人是有利的。女人也應該獲得與男子同等的權利，沒有必要讓別人知道自己結婚與否。但是，也不是所有婦女都樂於接受「女士」這個詞語，除了這個詞語的讀音不順口以外，年輕婦女比老年婦女更喜歡「女士」。

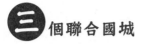

三個聯合國城

第一個聯合國城——紐約

美國紐約最繁華的曼哈頓區東河之濱，有一塊7‧29公頃的土地，是一塊「國際領土」，由聯合國員警守衛。它的東邊以東河為界，西邊的聯合廣場與曼哈頓東區的第42～48街相接。

第二個聯合國城——日內瓦

瑞士日內瓦，是第二個聯合國城所在地，全稱「聯合國日內瓦辦事處」，也稱為「聯合國歐洲總部」，俗稱「萬國宮」。包括亞利安納公園在內，總面積為25公頃。這裡及市內其他地方，總共設有二百多個聯合國所屬專門機構和代表機構，以及其他一些國際組織。

第三個聯合國城——維也納

1974年，聯合國大會決定將奧地利的首都維也納列為第三個「聯合國會議城市」。奧地利政府組織施工，歷時六年，於1979年正式建成這座嶄新的聯合國城，並且以象徵性的租金奧幣一先令（約合新台幣五角）租給聯合國使用，租期為九十九年。

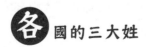

各國的三大姓

中國：張、王、李

韓國：金、朴、李

日本：鈴木、佐藤、田中

美國：史密斯、詹森、卡爾森

英國：史密斯、瓊斯、威廉斯

法國：馬丁、勒法夫瑞、貝納

德國：蕭茲、穆勒、施密特

瑞典：強森、安德森、卡爾森

荷蘭：德夫利斯、德揚、波爾

西班牙：加西亞、弗朗德茲、岡查列茲

日 本的年號

日本是在西元4世紀成為統一的國家，但是在7世紀中葉以前，沒有正式年號。西元645年實行「大化革新」以後，開始使用年號。在明治維新（1868年）以前，日本年號的用法不統一，有時候甚至每年都更改年號。從大化革新開始，到明治維新前一年為止的一千二百多年中，日本總共使用二百四十六個年號。明治維新以後，正式規定「一世一元」，即一代天皇只用一個年號。

日本年號，通常用兩個有一定意義的漢字標記，也有直接借用中國年號，例如：貞觀、嘉慶。明治維新以後，採用的「明治」、「大正」、「昭和」三個年號，都是來自於《易經》、《尚書》等中國古籍。

日本年號與西曆換算是：明治時代，在後面兩位數加六十七年即等於西曆，例如：明治十三年即為西元1880年；大正時代加十一年，例如：大正四年即為西元1915年；昭和時代加二十五年，例如：昭和五十七年即為西元1982年。日本的月份與西曆相同，不必換算。

日本使用的年號與在位天皇有關，但不是同一件事情，例如：明治時代，天皇名為睦仁，明治只是年號，睦仁天皇死後，才稱為「明治天皇」。大正時代，天皇名為嘉仁，也是死後才稱為「大正天皇」。目前日本在位天皇名為明仁，年號為「平成」，現在都稱為今上天皇，「平成天皇」將是以後的歷史稱呼。

西方國家 ≠ 西方的國家

「西方國家」並不完全是自然地理概念。日本的地理位置在東方，但是通常也稱為西方國家。

第二次世界大戰結束以後，人們統稱社會主義國家和資本主義國家為「社會主義陣營」和「資本主義陣營」，通常把二者的關係稱為東方、西方關係。現在，雖然「陣營」已經不復存在，但是「西方國家」一詞仍然沿用。近幾年來，每年舉行的美國、英國、法國、德國、義大利、加拿大、日本七國首腦經濟會議，經常也被稱為「西方七國首腦會議」。

世界上一些國家的別名

世界上一些國家，由於地理、歷史、氣候、物產等特點，被人們譽以具體化的別名。

千島之國——印尼。

火山之國——尼加拉瓜。

沙漠之國——沙烏地阿拉伯。

花園之國——新加坡。

龍蝦之國——喀麥隆。

山鷹之國——阿爾巴尼亞。

鴕鳥之國——肯亞。

綿羊之國——紐西蘭。

咖啡之國——巴西。

花生之國——塞內加爾。

橡膠之國——馬來西亞。

櫻花之國——日本。

仙人掌之國——墨西哥。

橄欖之國——突尼西亞。

鐘錶之國——瑞士。

風車之國——荷蘭。

郵票之國——聖馬利諾。

鑽石之國——獅子山。

黃金之國——哥倫比亞。

石油之國——委內瑞拉。

赤腳之國——衣索比亞。

清真之國——巴基斯坦。

千湖之國——芬蘭。

赤道之國——厄瓜多。

低窪之國——荷蘭。

油棕之國——貝南。

軟木之國——葡萄牙。

香料之國——格瑞那達。

玫瑰之國——保加利亞。

蝴蝶之國——巴拿馬。

國中之國——梵蒂岡。

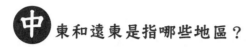東和遠東是指哪些地區？

中東一般泛指歐、亞、非三洲連接的地區，西方國家向東方擴張時開始使用，後來廣泛流行。距離西歐比較近的東方地區稱為近東，比較遠的稱為中東。近東和中東經常混用，沒有明確界限。狹義的中東是指伊朗和阿富汗，現在普遍指廣義的中東，除了伊朗和阿富汗以外，還包括埃及、巴勒斯坦、敘利亞、伊拉克、約旦、黎巴嫩、北葉門、南葉門、沙烏地阿拉伯、阿拉伯聯合大公國、阿曼、科威特、卡達、巴林、土耳其、賽普勒斯等近東國家和地區在內。

遠東一詞，也是西方國家開始向東方擴張時對亞洲東部地區的稱呼，後來廣泛流行。一般是指中國、韓國、日本、俄羅斯太平洋沿岸地區。

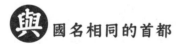國名相同的首都

目前，世界上有十四個國家的名稱與其首都的名稱相同。它們是：

國名	首都名稱
亞洲	
新加坡共和國	新加坡
科威特國	科威特
非洲	
突尼西亞共和國	突尼西亞

| 吉布地共和國 | 吉布地 |

歐洲

摩納哥公國	摩納哥
盧森堡大公國	盧森堡
聖馬利諾共和國	聖馬利諾
安道爾公國	安道爾
梵蒂岡城國	梵蒂岡

美洲

墨西哥合眾國	墨西哥城
瓜地馬拉共和國	瓜地馬拉
薩爾瓦多共和國	薩爾瓦多
巴拿馬共和國	巴拿馬城

大洋洲

| 諾魯共和國 | 諾魯 |

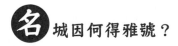

名城因何得雅號？

花城法國首都巴黎，全市擁有十萬花圃。這座城市不僅花多，而且有五花八門的建築物和花色繁多的化妝品，以及令人眼花撩亂的時裝，因此被稱為世界花城。

鼓城卡蘭達，在西班牙的阿拉貢省。小城有四千人，職業鼓手佔四分之一，新年開始要傾城出動，千鼓齊鳴，以示迎春。

鐘城伯恩，是瑞士首都，擁有近萬家鐘錶工廠和商店，年產四千萬支

鐘錶，享有「世界鐘錶廠」之稱。

鞋城茲林，是斯洛伐克製鞋中心，年產各式鞋履屐靴達兩億雙，行銷全球一百多個國家。全城八萬人，每個家庭都有鞋廠的員工。

酒城慕尼黑，為德國的酒業中心，以啤酒聞名全球，每年舉辦啤酒節，要喝掉一百萬公斤啤酒，設有啤酒大學。

橋城漢堡，全市有橋樑二千一百二十五座，是世界上橋樑建築最多的城市。

水城威尼斯，是義大利名城，市內無汽車，全城由一百一十七條河、一百一十八個島、四百多座橋、二千三百條水巷組成。

旱城伊基克，位於智利的阿塔卡瑪沙漠，曾經連續十四年沒有下雨。雨城乞拉朋齊，在印度梅加拉亞邦，全鎮不足萬人，平均年降雨量一萬一千四百一十八公釐以上，素有「世界雨極」之稱。

冰城雅庫次克，在前蘇聯西伯利亞，全城建於永久凍土層上，冬天氣溫經常在零下六十度。

熱城喀士木，是蘇丹首都，平均氣溫攝氏三十度，熱的時候攝氏四十九度，有「世界火爐」之稱。

雪城華盛頓，每年降雪量一千八百七十公釐，為世界降雪量最高的都城。

雷城茂物，在印尼，平均一年有三百二十二天可聞驚雷。

塔城蒲甘，為緬甸文化古城，最盛時期擁有大小佛塔四百四十萬座。

浴城赫爾辛基，是芬蘭首都，每個家庭均設蒸汽浴室，平均兩個人一間浴室。

蛇城科庫洛，在義大利，全城男女老幼都會養蛇，每年舉行「蛇節」，家家戶戶放蛇，任其滿城爬行。

玫瑰城加布羅沃，在保加利亞中部，每個家庭種植玫瑰，市郊有世界

最大的玫瑰園——玫瑰谷。

音樂城維也納，享有「世界音樂之都」的雅稱，是歐洲古典音樂與圓舞曲的故鄉，音樂大師貝多芬、莫札特、海頓、舒伯特、史特勞斯、布拉姆斯都曾經在這裡生活和工作。

電影城坎城，法國南部海濱名城，人口八萬，歷來為世界電影展映的中心，每年坎城國際電影節之際，更有一番盛況。

科學城筑波，日本興建的世界最大和設備最完善的科學研究中心，集中四十六個國立研究所、兩所大學、三十家技術公司，國家科學研究人員有一半在此城工作。

國家與地區名稱代碼

在國際體育比賽場內的引導牌和報分牌上的拉丁字母，例如：CHN、JPN、USA、SUN，是什麼意思？這是國家和地區的名稱代碼，是由國際標準第3166號規定的。

過去在各種國際活動中，由於各國採用的國家與地區的名稱縮寫自成系統，字數多少不等，非常混亂，往往容易造成誤會。對此，國際標準化組織（ISO）根據各國的要求與建議，經過調查研究，於1974年頒布國際標準「ISO3166-74國家與地區名稱代碼」。

在這個標準中，規定223個國家與地區的名稱代碼，除了用三個拉丁字母表示其名稱以外，也可以用兩個字母來表示。例如：

台北——TPE

中國——CHN或CN

美國——USA或US

日本——JPN或JP

古巴——CUB或CU

科威特——KWT或KW

法國——FRA或FR

香港——HKG或HK

目前，這兩種表示法已經被世界各國和各國際組織承認，並且廣泛用於各種國際會議、政府文件、出版物、體育比賽、航空、銀行等方面。

英國國名的由來

英國的全稱是大不列顛及北愛爾蘭聯合王國。大不列顛是英國本土最大島嶼的名稱，與愛爾蘭島和周圍5500個小島合稱不列顛群島。不列顛一詞來自於古羅馬，那個時候，人們稱這個島為「不列敦尼亞」。大不列顛島最古老的名稱是「阿爾比恩」，就是「白」的意思。這是由於大不列顛島東南沿海岩石為白色而得名。北愛爾蘭是指愛爾蘭島的北部，愛爾蘭是因為愛爾蘭人而得名，其原意為「西方的」或「綠色的」。

華人稱這個國家為英吉利，通稱英國，這個名稱來自英格蘭一詞。英格蘭只是大不列顛島上三個地區之一（三個地區是：北部的蘇格蘭、南部的英格蘭、西南的威爾斯），它因為日爾曼部族盎格魯人而得名。

世界五大宮殿

北京故宮：舊稱紫禁城，是明清兩代的皇宮。建於明朝永樂年間，經過多次修建，有宮室9000多間，佔地面積72萬平方公尺，為世界上規模最大的宮殿建築群，現為故宮博物院。

凡爾賽宮：原本為法國封建帝國的行宮，在巴黎市西南的凡爾賽城。

建於16世紀，17世紀末期屢經擴建，至18世紀形成現存規模，包括宮前大花園、宮殿、放射形大道三部分。

白金漢宮：原本為白金漢公爵於1703年建造，故名。後來，以21000英鎊賣給英國國王喬治三世。其宮殿建築富麗堂皇，外部裝飾華美。現在，英國女王伊莉莎白二世與菲利普親王居住此宮。

克里姆林宮：曾經為莫斯科公園和18世紀以前俄國皇帝的皇宮，現為俄羅斯黨政領導機關所在地。

白宮：位於華盛頓的賓夕法尼亞大道，為一座白色牆壁的三層樓房，建於1792年。從1800年美國第二屆總統亞當斯開始，歷屆總統都以此作為官邸。故人們經常以「白宮」代指美國政府。

外 國人姓氏趣談

外國人的姓氏有什麼由來？以歐美一些國家來說，許多是根據祖先從事的職業來決定，例如：英國人和美國人姓「史密斯」，法國人姓「菲雷爾」，西班牙人和拉丁美洲各國姓「赫雷羅」，義大利人姓「菲拉洛」，荷蘭人姓「司密托」，德國人姓「施密特」，匈牙利人姓「科瓦奇」，都是「鐵匠」的意思。又例如：英國人和美國人姓「庫克」、「米勒」、「柴契爾」，與他們的祖先大多是廚師、磨坊工、瓦匠有關。

此外，以地名作為姓氏，在歐美國家中也相當普遍，例如：福特（小津）、伍德（林地）、布希（灌木叢）、克里夫（懸崖）。美國著名小說家傑克・倫敦，他的祖先就是以「倫敦」這個城市作為姓氏。

有些姓是透過區別同名人的外表得來，例如：姓「朗」的意即「長人」，姓「蕭特」的意指「矮子」，姓「布朗」是「棕色」之意。

歐美許多國家，特別是冰島，有些姓氏尾語經常帶有「遜」字，例如：「詹森」、「羅賓遜」。「遜」是「兒子」之意，即約翰、羅賓的後

代。此外，姓氏前的「麥克」、「奧」，也是「兒子」的意思，例如：「麥克米倫」、「奧希金斯」，分別表示他們是米倫或希金斯的後裔。

新加坡國名的由來

　　新加坡地形像一隻獅子。在馬來語中，「新加」是「獅子」，「坡」是「島」的意思。11～13世紀，新加坡是一個被稱為「淡馬錫」或「單馬錫」的貿易中心。淡馬錫是馬來名稱的音譯，意為「海城」；也有人說是「湖泊」的意思；還有人說是來自於爪哇語，意思是「錫」。據說，新加坡主要的山脈武吉知馬山曾經產有少量的錫，而且在《航海圖》中，把武吉知馬山也稱為淡馬錫。另有一說，意為「海口」或「海上之城」，指其地臨麻六甲海峽。

　　由古稱淡馬錫改為現稱，大概是在1160年。根據《馬來紀年》第四章記載：相傳，印度在馬來半島統治時期建立的室利佛逝王國的王子聖尼祿優多摩，隨父出巡民丹島，因為看中民丹島的公主，娶其為妻，並且成為民丹島王。有一天，他帶著妻子和隨從外出狩獵，發現一處潔白的沙灘，聽隨從說是「淡馬錫」，就立刻走過去。突然有一隻黑頭紅身和胸生白毛的野獸疾馳而過，他問隨從那是什麼怪獸，隨從信口回答「獅子」。王子認為這是吉祥之地，決定在此建立一座城市，命名為「僧伽補羅」，即新加坡，意為「獅子城」。後來，又以城市名為國家名，一直沿用至今。

唐人街的由來

　　唐人街，原本指美國一些城市的華人社區。

　　19世紀初期，中國人到美國，只是零散和個人的活動，他們大多是商人或技術工人，沒有固定的僑居地。這種狀況延續到19世紀40年代末

期，發生重大的變化。當時，一股向美國西部移民的浪潮迅速興起，唐人街隨即在舊金山出現。

舊金山的唐人街，在1850年開始初具規模，有雜貨店三家，客棧三家，木場三個，餅食店兩家。在商店門外，高懸醒目的中國大字招牌，店內陳列琳琅滿目的中國貨物。中國人開的餐館價廉物美，經常座無虛席，不同膚色的顧客進進出出，非常熱鬧。

建築材料是當年舊金山的熱門貨物。在唐人街木場上，木料和房屋「預製組件」的生意非常興隆。

1852年，舊金山已經大約有華僑三千人，但不是都住在唐人街內。1853年以後，中國移民開始集中。南從沙加緬度街，北至傑克遜街；東自卡尼街，西至史塔克頓街，逐漸成為華人社區。從此以後，唐人街成為華僑居住和活動的中心。人們稱為「小廣州」或「小中國」，因為這些流落到海外的同胞，認為中國歷史上唐朝是最強大鼎盛時期，因此把自己的聚居地命名為「唐人街」。

幾百年以前的那些事

歷史一詞的由來

在古代，歷史只稱為「史」，記載史的人稱為史官。當時的史官，除了記錄統治者做的事情以外，對於天文、地理、人事、災禍也加以記錄。可見，古代的「史」的範圍比現在更廣泛。

「歷史」這個名稱出現於近代。光緒二十八年（1902年），在學堂裡最初開設「史學」課，第二年即改名為「歷史」。有些人考證：「歷史」是外來詞，來自日文，因為日本人早就稱「史」為「歷史」。

為什麼中華民族是炎黃子孫？

「炎黃」分別指中國原始社會中兩位不同民族的首領。炎帝姓姜，是炎帝族的首領。他們自西方游牧進入中原，與以蚩尤為首領的九黎族發生長期的部落衝突，最後被迫逃避到涿鹿，得到黃帝族援助，攻殺蚩尤。黃帝姓姬，號軒轅氏。後來，炎黃兩族在阪泉（據說，阪泉在河北涿鹿縣）發生三次衝突。黃帝族打敗炎帝族，由西北進入中原地區。

黃帝族與炎帝族又與居住在東方的夷族、南方的黎族和苗族的一部分逐漸融合，形成春秋時期的華族，漢代以後稱為漢族。炎黃二帝被人們稱為中華民族的始祖，因此人們經常稱中華民族是「炎黃子孫」或黃帝子孫。

上古、中古、三古

上古：又稱為「遠古」，是指有文字以前的時代。《易經》：「上古穴居而野處……上古結繩而治。」《韓非子》：「上古之世，人民少而禽

獸眾。」如果與「中古」並提的時候，一般是指秦漢以前，即夏、商、周三代。

中古：次於上古的時代，但是說法不一。「《易》之興也，其於中古乎？」（《易經》）中古是指商周之間。「中古之世，天下大水，而鯀、禹決瀆。」（《韓非子》）「中古」是指傳說中的虞夏時期。「夫蜀都者，蓋兆基於上世，開國於中古。」（《三都賦》）中古是指秦代。現在一般稱漢代以後、宋代以前為中古。

三古：即上古、中古、下古，但是說法不一。《漢書・顏師古注》：「伏羲為上古，文王為中古，孔子為下古。」《禮記・禮運・孔穎達疏》：「伏羲為上古，神農為中古，五帝為下古。」

春秋、戰國

從周平王元年（西元前770年）到周敬王四十四年（西元前476年），這三百多年時間，諸侯的力量逐漸強大，周天子已經徒有虛名，無力控制各諸侯。這個完整的歷史時期，正好與中國最早的編年體史書《春秋》（西元前722年～前481年）記載的歷史大致吻合，所以歷史上就把這段歷史時期稱為「春秋」時期。

春秋後期，各諸侯兼併吞食的結果，只剩下秦、齊、楚、燕、韓、趙、魏七個諸侯國。此後，七國之間的兼併征伐更加劇烈而頻繁，直至西元前221年秦滅六國而最後統一，戰爭才逐漸停止。因此，後人就把這段歷史時期稱為「戰國」時期。

王位世襲始於何時？

在中國歷史上，王位世襲相傳最早發生在古代的夏啟，商周因之，日

益使其完善。周文王的祖父古公亶父是周族的第一個首領，他有三個兒子，在率領族人遷居山下的周（今陝西岐山北）時，大兒子泰伯和二兒子虞仲沒有跟隨遷徙，古公亶父臨死的時候，把首領地位傳給幼子季曆，即周文王的父親。

季曆是一個很能幹的首領，使周族的社會地位發生很大的變化，從過去受到壓迫的地位躍入顯赫的奴隸主貴族的行列。征伐西戎的勝利，對當時商朝的安全是有利的，因此季曆被封為商朝的「牧師」（一種職司畜牧的官）。但是，隨著周族統治者力量日益強大，加劇周族和商朝的衝突，商朝君王文丁就把季曆殺死。

季曆被殺以後，其子昌世襲王位，即歷史上有名的周文王。周文王在位五十年，由其子發繼位，即周武王。周武王率領諸侯東征除滅商朝，建立西周王朝。王位的世襲制度，就這樣延續下來。

中國一詞的由來

「中國」一詞的最早出現，是在《詩經》中，例如：《大雅·民勞》「惠此中國。」但是《詩經》中的「中國」實為「國中」之例，還不算是真正指稱國家的「中國」。

作為指稱國家的「中國」一詞，在戰國諸子書中已經屢見不鮮，例如：《孟子·滕文公上》：「陳良，楚產也，悅周公仲尼之道，北學於中國」，又「獸蹄鳥跡之道，交於中國」。《莊子·田子方》：「中國之君子，明乎禮義而陋於知人心……」這些都說明：上古之所謂「中國」者，即指後世之「中原」。但是，又有不同於「中原」的地方，即地域不及後世中原之廣，而相當於今山西、山東、河南、河北一帶。

為什麼古人把這一帶地區稱為「中國」？這一帶地區的周圍，分布夷、翟、戎、蠻諸族及其所建國家，而將這一帶包圍在中間，所以稱這一

帶地區及所建國家為「中國」。

百家姓、千家姓、萬家姓

《百家姓》是中國漢族姓氏的總集，相傳是宋朝初年錢塘一位老儒所編，共取姓氏五百零四個，沒有包括中國人的全部姓氏。根據史學家鄭樵統計，宋代姓氏一千七百四十三個，比《百家姓》多三倍。明朝初年，有一個叫做吳沈的人，編出一部《千家姓》，共收姓氏一千九百六十八個，但是這部《千家姓》還是沒有把中國人的姓氏都包括進去。萬曆年間，又有人編出一本《萬家姓》──《古今萬姓統譜》。然而，中國人的姓氏不到一萬，所謂「萬姓」，無非是言其多而已。

中國人到底有多少姓氏？根據統計，見於文獻的姓氏（包括少數民族和元清時代蒙滿兩族譯改的姓氏）就有六千三百六十二個，其中單姓三千七百三十個，複姓二千四百九十八個，三字姓一百二十七個，四字姓二個，五字姓五個。

皇帝一詞的由來

君主稱為「皇帝」，是從秦始皇開始。在此之前，中國的最高統治者稱為「王」，或是單稱「皇」和「帝」，例如：周文王、周武王，三皇、五帝。春秋戰國時期，王室衰微，一些國力強大的諸侯國的國君也自稱為王，例如：秦王、楚王。

秦王嬴政統一天下以後，認為這是自古未有的功業，甚至連三皇五帝也比不上他，如果不改變「王」的稱號，「無以稱成功，傳後世」，於是讓李斯等人議改稱號。李斯等人和眾博士商議以後報告秦王，上古有天皇、地皇、泰皇，泰皇最貴，可以改「王」為「泰皇」。秦王反覆考慮，

認為自己「德兼三皇，功高五帝」，決定兼採「帝」號，稱為「皇帝」，並且自號始皇帝。從此以後，「皇帝」稱號為歷代君主襲用。

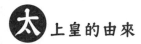上皇的由來

漢高祖劉邦平定天下，登上金龍寶座以後，萬事皆吉祥如意，卻有一事，使得他煩惱不已，這就是怎樣對待自己的父親劉太公。

事情的由來是：有一天，他和前幾次一樣，又去參拜太公，尋思太公此時應該端坐堂前，等待兒子到來。不料剛到門前，只見太公著舊襖執行帚，畢恭畢敬地迎接他。這個突然之舉，使他大吃一驚，急問因為何事竟至如此。太公說：「您貴為天子，誰敢不敬？我雖然是您父親，也只是平民百姓。平民百姓不敬皇帝，可是要被殺頭啊！」劉邦好說歹說，太公就是不聽。

事後，有人講到秦始皇曾經尊死父為太上皇，建議封太公為「太上皇」。劉邦聽了以後，立刻舉行大典，將太公扶上太上皇位。

廟號與諡號

廟號是皇帝死後在太廟裡立室祭祀的時候由大臣們商議定下的名號。

一般說來，都是把當朝的第一個皇帝稱為高祖、世祖、太祖，把第二個皇帝稱為某宗。唐朝之前的皇帝，不是全部有廟號。唐朝至清朝的皇帝，大多數都有廟號。

諡號是皇帝和王侯或是有一定社會地位的人死後，朝廷或後人按照其生前功績，評定褒貶給予的稱號。諡號起源於周朝末年，東漢和宋朝比較盛行，只有秦朝不准後人用褒貶的字眼來議論先皇的善惡，所以秦始皇和

秦二世這樣的稱呼在歷史上是獨一無二的。

明 清兩代六部的職能

古代的六部，是國家管理各方面事物的機構。六部初建於隋朝，正式定制於唐朝初年。以下是明清兩代六部的職能：

吏部：主管全國文職官吏的挑選、考查、任免、升降、調動、封勳，相當於現代的銓敘部的職能。

戶部：主管國家戶籍、田畝、貨幣、各種賦稅、官員俸祿，相當於現代的戶政司和財政部。

禮部：主管朝廷重要典禮（例如：祭天地、祭祖）、科舉考試、接待外國來賓，類似現代的教育部和外交部禮賓司。

兵部：主管全國武職官員、練兵、武器、驛站，相當於現代的國防部。

刑部：主管國家司法和行政，相當於現代的司法部。

工部：主管興修水利和土木建築工程，相當於現代的交通部。

各部的最高長官是「尚書」，相當於現代的部長；副長官稱為「侍郎」，相當於副部長。

巡 撫、總督

總督和巡撫是明清時期地方軍政首長。總督的地位和聲望高於巡撫，但是以其設置而言，卻是先有巡撫，後有總督。

巡撫之名，始於明太祖命令太子朱標「巡撫」陝西，後來每年都要派中央官員巡撫地方。這個時期，巡撫性質等同於「欽差」，本身不是官

號，沒有品級，可兼中央監察與組織部門的都御史和吏部尚書及侍郎等官銜，以便主掌地方官吏考察和軍民安撫，因為屬於中央官，所以有事派出，事畢返京。明宣宗宣德二年（1427年）以後，由於地方動亂，開始常設巡撫，並且開始以省為管轄單位的巡撫制。巡撫職權不斷擴大，不僅掌政而且掌軍，實際上已經成為地方軍政首長，但是其中央官性質未變，還要經常上京匯報地方軍政事務。清代康熙（1662～1722年）以後，全國除了直隸和四川以外，每省都設一員巡撫，規定巡撫品級。至此，巡撫正式成為地方官，但是仍然遵行舊有的兼銜制。

戰亂時期，各地巡撫互不統屬，往往貽誤軍機。為了統一調度，設立專管軍事的總督。總督的性質等同於前期的巡撫，兼銜一樣，也不常置。明憲宗成化五年（1469年）常設兩廣總督以後，開始正規的跨省總督制。從此以後，總督職權日益擴大，兼掌民政，實際上也是地方軍政首長。但其獲得品級與正式成為地方官，也是康熙以後的事情。其時，全國共設直隸、四川、兩江、湖廣、閩浙、兩廣、雲貴、陝甘等八大總督。

中國封建官制的發展有一個特點，即中央監察官容易演變為地方軍政首長。這是因為歷代封建王朝為了強化中央集權，經常派出中央監察官巡視地方，這些官員代表皇帝，挾制地方，逐漸奪取地方軍政大權，例如：漢朝刺史、魏晉時期都督、唐朝節度使，都是由中央監察官演變為地方軍政首長。巡撫和總督由中央監察官演變為地方軍政首長，則是這個特點在明清官制中的反映。

垂 簾聽政始於何時？

在封建社會裡，皇帝親臨寶座，處理政務大事。但是，由於特殊的情況，皇帝不能上朝親政。這個時候，由皇后或太后臨朝聽政，此類事情在東漢不乏其例，至於太后在大殿皇帝御座後面，用簾子遮擋的方式聽政，

則是從唐代武則天開始。

《舊唐書‧高宗本紀下》記載：「時帝（唐高宗）風疹，不能聽朝，政事皆決於天后（武則天）。自誅上官儀後，上每視朝，天后垂簾於御座後，政事大小皆預聞之，內外稱為『二聖』」。

何謂「凌遲」？

凌遲，又叫做「陵遲」，是封建社會一種最殘酷的死刑，開始於五代。行刑的時候，執刑人把犯人身上的肉用刀一塊一塊地割光，十分野蠻。

在封建社會裡，有兩種人經常處以凌遲，一種是反對朝廷的所謂謀反大逆的人，另一種是「罪在十惡」的人。

「凌遲」在光緒三十一年（西元1905年），正式被廢除。

何謂「刺配」？

「刺配」這種刑罰，開始於五代的後晉，後晉以前的流配，限於遠徙，而不刺面。根據有關史料記載：「（後）晉天福（高祖石敬瑭年號）中始創刺面之法」，到了宋代，還把刺面與脊杖和流配等刑罰並施於「罪犯」一身，並且美其名曰「打金印」。《水滸傳》第八回，就有「犯人徒流遷徙的，都臉上刺字」的描寫。

刺在犯人臉上的字，有大小之別，當時負責審判的官員認為罪情嚴重或是「性情凶惡」者，則刺上大體字；次之，則刺上小體字。所刺的字，除了「發配某州（府）牢城」以外，有些也把犯罪情由和服役種類刺在臉上，例如：「配某州（府）屯駐軍重役」。南宋時期，規定犯強盜罪免死

流配者，「額上刺『強盜』二字，餘字分刺兩臉」，對罪犯人身污辱更殘酷。

受刺配刑罰的人被押送邊疆從事名目繁多的勞役或充軍，重者終身不釋。

清代皇族女兒「格格」

在清代，親王以下的女兒稱為格格。親王之女稱為和碩格格，即郡主。郡王之女稱為多羅格格，即縣主。貝勒（全稱多羅貝勒，位低於郡王）之女也稱為多羅格格，即郡君。貝子（全稱為固山貝子，位低於貝勒）之女稱為固山格格，即縣君。位低於貝子的鎮國公和輔國公之女也稱為格格，即鄉君。

簽字畫押的由來

在文書、字畫、契約上署名或是做記號，古代稱為「作押」，現在稱為「簽名」或「簽字」，在三國時期就有。

唐朝初年，由於唐太宗曾經下令不准群臣在奏摺上以草書署名，而其他文書上多有草書。草書形體花俏，謂之「花押」。到了宋代，人們在進呈公文或與人書牘時，文末大多不署名，只書寫本人的字，謂之「押字」或曰「草字」。

簽名或押字對目不識丁的人是一個難題，於是人們就以畫圓圈代之，這就是「畫押」，或曰「畫花押」。畫押的創始人，應該是宋代的王安石。王安石署名的習慣，只書寫「石」字，而且寫了一橫一撇之後，於撇中間畫一個圓圈，由於他性急，「作圈多不圓，往往窩扁，又多帶過」，因此聽到有些人私下議論，說他所署實為「反」字，所以他「加意作

圈」，後人效以為式而廢去橫撇，這就是畫押的由來。

清代七大藏書閣

　　北京的文淵閣和文源閣、承德避暑山莊的文津閣、瀋陽的文溯閣、鎮江金山寺的文宗閣、揚州的文匯閣、杭州的文瀾閣為清代七大藏書閣，是珍藏《四庫全書》的書庫。

　　七大藏書閣，皆以文為首，第二個字多從水旁，象徵中華文化源遠流長。二百多年以來，七大藏書閣在帝國主義的蹂躪下，有些已遭厄運。文源閣於1900年隨著中外罕見的園林傑作——圓明園被八國聯軍搶掠一空之後，被付之一炬。文宗閣和文匯閣在19世紀中葉毀於大火。

百家姓為何以「趙錢孫李」開頭？

　　《百家姓》是中國漢族姓氏的總集，有五百零四個姓氏。

　　五百零四個姓氏，為什麼要把「趙錢孫李」放在前面？原來，《百家姓》是宋朝初年錢塘一位老儒所編。宋朝的皇帝姓趙，趙就是國姓。錢塘屬浙江，當時佔據江浙一帶的是吳越國王錢俶，孫是他正妃的姓。李是南唐李後主的姓。於是，「趙錢孫李」就為頭一句。

清代宮廷中的一些稱呼

　　貴人、常在、答應：均為宮嬪名稱。清代，貴人以下為常在，常在以下為答應。

　　妃：原本指配偶，後世專門指皇帝的妾。

　　嬪：古代為宮廷女官名。清代指皇帝的妾，位在妃以下。

貴妃：妃嬪稱號，位次於皇后。

留中：皇帝看完臣下奏摺以後，有些宣布如何辦理，寫成文字或召見。皇帝看完不宣布辦理的奏摺，就留在皇帝那裡，叫做「留中」。

叫起：清朝皇帝召見臣下時，有時候叫臣下們一起進來，稱為「叫起」。

行在：皇帝有時候離開京城到外地「巡幸」，住在那裡處理政務，那個地方就叫做「行在」。

軍機大臣：由大學士、尚書、侍郎組成，掌管軍國大政。

世襲制小考

世襲制是等級的階級社會和階級壓迫的產物，是化公天下為私天下的產物。私有制是它產生的社會經濟根源，公共事務機關的異化是它在政治制度上的根源，選舉制的破壞及終身制的實現直接導致世襲制的形成。等級制和特權制是世襲制的兩大主淵源和主構成。世襲制是奴隸社會和封建社會特有的政治制度和現象，在等級社會中形成和發展的國家任官制度，只有在殘存等級的奴隸制和封建制的社會中才會滋生和存在。在中國歷史上，變相的世襲制特別發達。世襲制就是最大的政治特權，即貴顯官宦對仕途的世代優先、獨佔、壟斷權。世襲制是等級制、特權制、身分制、家族制與國家任官制度相結合的結合體，是貴族官僚化和官僚貴族化的國家制度。族天下、家天下、私天下，是世襲制的根本目的和性質。

古代官服的顏色

官服分顏色從唐朝開始：三品以上紫袍，佩金魚袋；五品以上緋袍，佩銀魚袋；六品以下綠袍，無魚袋。官吏有職務高而品級低的，仍然按照

原品服色，例如：擔任宰相而不到三品，其官銜中必有「賜紫金魚袋」字樣；州的長官刺史，也不拘品級，都穿緋袍。這種服色制度，到清代才完全廢除，只在帽頂及補服上分別品級。清代官服原則上都是藍色，只在慶典時可用絳色；外褂在平時都是紅青色，素服時改用黑色。

皇宮為何又稱為「紫禁城」？

紫禁城是皇帝與皇后和皇族居住的內城。「紫」字是指紫微垣，代稱皇帝。因為天上恆星中的三垣，紫微垣居於中央，太微垣和天市垣陪設兩旁。古時候認為天皇應該住在天宮裡，天宮又叫做紫微宮。人間的皇帝自詡為天子，「太平天子當中坐，清慎官員四海分」，所以紫微垣代稱皇帝，又因為皇帝居住的內城嚴禁黎民百姓靠近，所以又叫做紫禁城。唐朝開元年間，右丞王維《敕賜百官櫻桃》詩句：「芙蓉闕下會千官，紫禁朱櫻出上闌」，可見唐朝已經把皇宮稱為「紫禁城」。

退休小考

官吏退休，在春秋戰國時期已經有了。那個時候不是叫做退休，而是叫做「致仕」，即退去官職之意。春秋戰國時期，新興的地主階級建立新的致仕制度。到了漢朝，致仕已經形成一套人事行政制度。唐代，規定70歲以上的官員都應該致仕，還規定「籍年雖少，形容衰老者，亦聽致仕」。致仕以後，五品以上官吏，可得半祿；有功之臣，由皇帝親賜，可得全祿；京官六品以下，外官五品以下，各有永業田可以養老。

到了宋朝，許多官員不願意自動致仕，皇帝只好採用三種手段：一、年過70，不再升官，也不再考察功過。二、經常讓御史檢查彈劾年過70而精力衰退的官吏。三、由皇帝親自下令，或是派其親屬規勸致仕。明代

還將官吏致仕的年齡從70歲提前到60歲。明孝宗進一步規定：凡自願告退者，不分年齡。明確規定：凡內外文武官員致仕者，照品給俸；無世職者，年齡60致仕，給半俸。未至60，因病辭仕者不給。

古代也有一些皇帝，對已經致仕的官吏，注意繼續發揮其作用。元朝翰林侍講學士竇默致仕以後，元世祖忽必烈仍然賜給他一套住宅，每月照發俸祿，十餘年間，「數承顧問」。

何謂「三宮六院」？

故宮內以乾清門為界，南為外朝，北為內廷。內廷就是皇帝和他的后妃們起居生活的地方。三宮是指中路的乾清宮、交泰殿、坤寧宮，又稱為「後三宮」，六院分別指東路六宮：齋宮、景仁宮、承乾宮、鍾粹宮、景陽宮、永和宮；西路六宮：儲秀宮、翊坤宮、永壽宮、長春宮、咸福宮、重華宮。因為各宮均為庭院格局建築，所以總稱「六院」。這就是人們經常說的「三宮六院」。

秘書溯源

秘書是古代掌管典籍或起草文書的官吏，漢代有秘書監和秘書郎，三國時期魏國有秘書令和秘書丞，可見「秘書」之名早於「書記」。

但是秘書並非官名，必須在秘書下綴上「令、監、丞、郎」等字樣，才是完整的官名。還有「秘書省」，這是南朝梁開始設立的官署，是行政機關，雖然有「秘書」之名，但是與秘書無關。明清時期，不設此官署，也沒有「秘書」的職稱，明代陳繼儒有《許秘書園記》為長（常）州許自昌作，許自昌是一位喜愛藏書和刻書的士紳，稱其為「秘書」，應該是對他的美稱。清代各衙署設文案，稱為「師爺」不稱為「秘書」。民國時

期，大多數的行政機關都設立秘書，惲寶惠先生曾經擔任馮國璋的秘書長，可見秘書在中國官制史上還很年輕。

 歲的來歷

「萬歲」一詞，最早只是表示人們內心喜悅和慶賀歡呼語。秦漢以後，臣子朝見國君常呼「萬歲」，但不是皇帝唯一專有的稱呼，稱呼別人為「萬歲」，皇帝也不管。此時，「萬歲」一詞還是比較平常。漢武帝時期，他想要把「萬歲」據為己有，但是民間遇到值得慶賀的事情，還是有人稱呼「萬歲」。到了宋朝，皇帝才不准稱呼別人為「萬歲」。

何 謂「頂戴花翎」？

「頂戴花翎」是清代官職品級的象徵。

「頂戴」，也稱為「頂帶」，是用來區別官員等級的帽飾，通常皇帝可以賞給無官的人某品頂戴，也可以對次一等的官員賞加高一級的頂戴。

「花翎」，即孔雀尾羽翎，飾於冠後，以翎眼多者為貴，一般是一個翎眼，多者雙眼或是三眼。

在戲曲中，所謂「摘去頂戴花翎」，就是官員被革職的意思。道光時期，林則徐曾經配戴雙眼花翎，後來被皇帝下令「奪去頂戴花翎」，被革職發配伊犁，是相當嚴重的處罰。

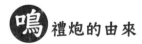 禮炮的由來

鳴禮炮起源於英國。據說四百多年以前，英國海軍用的是火炮，艦船

進入另一國港口之前，或是在公海與外國艦船相遇，就會自動放空炮，以示無敵意，對方也相應以鳴炮回敬。久而久之，鳴炮就成為國際通例，成為盛大的慶典和隆重的迎賓儀式上經常使用的一種禮節。

以前最大的戰艦，只裝有大炮二十一門，全部鳴放作為對國家元首的禮遇。1875年，美國對總統和國旗首次正式採用這個禮儀。此外，還有鳴炮十九、十七、十五、十三響，以貴賓身分高低而不同。當時，遠洋航行忌諱雙數，鳴炮之前只採用單數，現在也有鳴放雙數。

舉行盛大慶典鳴禮炮，各國不盡相同。英國君主誕辰鳴炮六十二響，議會開幕和閉幕鳴炮四十一響。美國國慶日全國各駐軍營地鳴炮五十響，表示每州鳴一響。

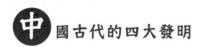 國古代的四大發明

指南針：指南針是利用磁鐵在地球磁場中的南北指極性而製成的一種指向儀器。指南針大概出現於中國戰國時期。最初的指南針是用天然磁石經過人工用琢玉的方法琢磨而成，狀如勺，底圓，放在銅製的方形「地盤」上，就會自由旋轉。「地盤」周圍刻有二十四向，當指南針靜止時，勺柄就會指向南方，古人稱它為「司南」。元代，指南針已經改進到像現在的式樣。自從有指南針以後，解決海上航行定向問題，使海上交通大大發展。

造紙術：關於造紙術的起源，過去一直認為是東漢的宦官蔡倫發明。根據20世紀以來考古發掘資料顯示，早在西元前2世紀，中國已經發明造紙術。但是早期的西漢麻紙比較粗糙，不便書寫。到了東漢，在宮廷中主管手工作坊的尚方令蔡倫，集中工匠的造紙經驗，用麻頭、破布、舊魚網為原料，製造一批良紙，於西元105年獻給朝廷，從此造紙術在國內逐漸推廣。

印刷術：享有「文明之母」稱譽的印刷術，是中國古代勞動人民的偉大發明。西元6世紀下半葉到7世紀上半葉的隋唐時期，雕版印刷就在中國出現。北宋慶曆年間（西元1041～1048年），平民畢昇發明用膠泥焙燒而成的活字，開始活字印刷的歷史。

火藥：早在唐代，中國已經發明火藥。後來經過不斷試驗和改進，到了宋代，已經被大量運用在軍事上。宋朝初年，人們先後創造火藥箭和火炮以燃燒性能為主的武器。從13世紀開始，火藥開始傳到世界各地。

 綱、五常

「三綱」，是指封建社會的一種道德規範，即君為臣綱，父為子綱，夫為妻綱，合稱「三綱」。

綱，是提網的總繩，即居於支配地位的意思。就是臣要絕對服從君，子要絕對服從父，妻要絕對服從夫。這套封建社會君臣、父子、夫婦之道，最早由漢代董仲舒提出，後來歷代封建統治者加以系統化，成為禁錮人們思想的一套封建教條。

「五常」，也叫做「五倫」，是封建禮教規定的君臣、父子、兄弟、夫婦、朋友之間的關係，這些人倫關係，反映封建社會的道德觀念，即父子有親，君臣有義，夫婦有別，長幼有序，朋友有信。

「五常」，也指仁、義、禮、智、信。

 寶殿

人們經常說：「無事不登三寶殿。」

三寶，在佛教中，是指佛、法、僧。佛是指釋迦牟尼，法是指佛說的

教義，僧是指繼承和宣揚教義的僧眾。「三寶殿」究竟是什麼意思？清代學者王有光解釋：「三寶殿是指佛教的『佛、法、僧』三大活動場所。」「佛」是指佛教徒登場辦事的地方，「法」是指佛家珍藏經書的樓閣，「僧」是指和尚睡覺的禪房。這三處地方是不得隨便進去的。因此，在民間逐漸演變成「無事不登三寶殿」這句俗語，也就是說「沒有事情不登門」。

古代兵器的「三革」與「五兵」

「三革」為防護類兵器，是指甲、冑、盾。甲，分為皮甲與銅甲。用皮革製成的甲，稱為皮甲；以銅鐵製成的甲稱為鎧，鎧即銅甲。用棉線和紙製成的甲，稱為棉甲和紙甲。不同兵種，有長甲與短甲、寬甲與窄甲之分，其中有上禮護甲，護衛下禮的鐵網裙和鐵網褲，護足的有鐵網靴。冑，即盔，作為護頸護頭之用，以細藤條編織而成，左右和後部向下伸展，上端有一個棉帽，可以同時保護頭頂、面側、頸部，也有些像圓錐體形狀。冑頂插有紅纓，裝飾甚美。盾，手執的護衛器具，用以遮擋刀、槍、箭等武器的進攻。盾是用白楊、青松、老藤、皮竹製成，背面有二環，適於臂肘挽執。

「五兵」為進攻類兵器，是指戈、戟、殳、酋矛、夷矛。

戈，古代一種長柄橫刃的兵器，像一把寬刃的匕首，單面刃，其援之刃向前，縛在柄上。有長柄三戈（3公尺以上）、長柄雙戈、短柄單戈（1.34公尺），可以用於斬、擊、鉤。

戟，長兵器之一，在戈的柄端上加矛，由銅鐵製成。其援有刃，稍微揚起，其胡與內部穿有孔，用以附柄，而且都有刃。柄的長度有些達3公尺以上，曾經有三戈一矛的長戟，可以用於勾殺、橫擊、刺殺，威力很大。

殳，長兵器之一，用堅木製成。兩端都嵌有利齒，一端有稜無刃，柄長達3公尺。

酋矛、夷矛，為長兵器，用金屬製成，重4兩，尖端鋒銳，利於穿透堅實之物。

中國歷史上的「六聖」

史聖：西漢歷史學家司馬遷，自幼讀書，博聞強記，著有《史記》，被後人稱為「史聖」。

草聖：人稱漢朝書法家張芝是「草聖」，他擅長草書，對章草（舊隸的草體）造詣更深。

醫聖：東漢末年著名醫學家張仲景，勤奮學習古人治病經驗，寫出著名的《傷寒雜病論》，這本書被後代醫學家視為必讀經典，張仲景也成為「醫聖」。

書聖：東晉王羲之的書法「飄若浮雲，矯若驚龍」，稱他為「書聖」，當之無愧。

畫聖：被尊稱為「畫聖」的吳道子，是唐代著名畫家，他最擅長人物畫，筆下的人物栩栩如生。

詩聖：唐代偉大詩人杜甫，一生寫下大量現實主義詩篇，代表作品是「三吏」和「三別」，被世人稱為「詩聖」。

與日子有關的那些事

太初曆

夏曆，又稱為太初曆，從西元前104年的漢武帝「太初」元年開始使用，直到現在。這種曆法的確立，與漢代傑出的史學家司馬遷的努力有很大的關係。

追溯一下歷史，秦始皇至西漢初年，法定的曆法是以每年10月為歲首，稱為「顓頊曆」。漢武帝時期，發現這種曆法的推算結果，與天象和自然規律不盡相符，會削弱曆法對農業生產的指導作用。因此，司馬遷和壺遂等人建議改曆。經過司馬遷等數十人的努力研究，「夏曆」於太初元年正式確定，並且頒布全國實行。從此以後，以正月為歲首，這是當時最進步的曆法。由於這種曆法在太初元年頒行，又稱為「太初曆」。

何謂干支紀年法？

干支是「天干」和「地支」的合稱。甲、乙、丙、丁、戊、己、庚、辛、壬、癸十個字，叫做「天干」；子、丑、寅、卯、辰、巳、午、未、申、酉、戌、亥十二個字，叫做「地支」。把「天干」中的一個字擺在前面，後面配上「地支」中的一個字，這樣就構成一對干支。如果「天干」以「甲」字開始，「地支」以「子」字開始順序組合，就可以得到：

甲子／乙丑／丙寅／丁卯／戊辰

己巳／庚午／辛未／壬申／癸酉

甲戌／乙亥／丙子／丁丑／戊寅

己卯／庚辰／辛巳／壬午／癸未

甲申／乙酉／丙戌／丁亥／戊子

己丑／庚寅／辛卯／壬辰／癸巳

甲午／乙未／丙申／丁酉／戊戌

己亥／庚子／辛丑／壬寅／癸卯

甲辰／乙巳／丙午／丁未／戊申

己酉／庚戌／辛亥／壬子／癸丑

甲寅／乙卯／丙辰／丁巳／戊午

己未／庚申／辛酉／壬戌／癸亥

這六十對干支，天干經六個循環，地支經五個循環，正好是六十，就叫做「六十干支」。按照這樣的順序，每年用一對干支表示，六十年一個循環，叫做「六十花甲子」。例如：1924年是甲子年，1984年又是甲子年。這種紀年方法就叫做「干支紀年法」。用干支還可以紀月、紀日、紀時。

現在我們雖然採用西元紀年，干支紀年不經常使用，但是對歷史事件的描述，人們還是習慣用干支的年號來代稱，既是為了保留中國的特色，也是為了便於記憶，例如：「戊戌變法」、「辛亥革命」。

干支紀年純粹屬於曆法知識，與人們的禍福和婚姻以及建房等事情根本無關。

 **星** 期、禮拜

「星期」源於科學，「禮拜」出於宗教，兩者不是同一件事情。

「星期」是西曆中一種特殊的記日方法，以七天為一個週期，循環往復，無窮無盡。星期記日的方法，早在西曆出現以前就被人們使用，古羅馬曆法已經有「七日一週」的演算法，至西元321年，君士坦丁大帝於3月7日正式公布，成為定制，逐漸成為國際慣例。中國古代曆法把二十八宿按照日、月、火、水、木、金、土的次序排列，七日為一週，稱為「七

曜」。這種算法與西方曆法暗合。

「禮拜」是基督教使用的詞語，他們相信上帝七天創造世界和耶穌七天復活的說法，因此規定第七天舉行參拜上帝的宗教儀式，稱為「禮拜日」。

西曆「星期」的第一天叫做「星期日」，是公認的休息日，因為這一天與基督教的「禮拜日」剛好同一天，所以有些人也將「星期日」叫做「禮拜日」。其實，我們星期日休息與基督教徒禮拜日「做禮拜」沒有任何關係。

何 謂晚清、前清？

1840年鴉片戰爭以後，清朝處於沒落時期。人們一般把1840年以後的清朝統治時期稱為晚清。1911年辛亥革命推翻清朝封建統治，民國初期的人和民國出版的書對清朝稱為前清，含有前朝或前代的意思。因此，前清不是指1840年以前或是清朝建國初期。

古 人如何計時？

古人用地支子、丑、寅、卯、辰、巳、午、未、申、酉、戌、亥，把一天分為十二個時辰，每個時辰相當於現代的兩小時，例如：巳時相當於九時至十一時。那個時候，白天依靠測量太陽的影子，夜晚用漏壺滴水測時，但不是最早的測時法。

在此之前，古人根據太陽的起落和人獸的活動來計時，把一天分為雞鳴、平旦、日出、食時、隅中、日中、日昳、晡時、日入、黃昏、人定、夜半十二個時段。由於季節的不同，實際的時間差多達兩小時。因為不太科學，最後被十二地支計時法替代。

此外，古代還有報更（又叫做打更）的計時法，把夜間分為五更：相當於現代的晚上七點到九點為一更，九點到十一點為二更，午夜十一點到一點為三更，凌晨一點到三點為四更，凌晨三點到五點為五更。

何謂民國紀年？

1911年，辛亥革命推翻中國最後一個封建王朝。1912年1月1日，中華民國臨時政府在南京正式成立，宣布共和政體，改用西曆（陽曆）和民國紀年。在此以前，中國的封建王朝主要是以帝王年號紀年，例如：1662年，清聖祖玄燁即位，年號康熙，這一年就是康熙元年。辛亥革命結束封建帝王的統治，當然不能再沿用這種紀年方法，所以在中華民國成立之後，改用民國紀年，1912年為民國元年，往下推算，民國二十六年就是西元1937年。換算的時候，在民國年數之上加11，再加1900，就是西元年數。

一週從星期幾開始？

按照七天一週的記日法由來頗為古老，已經難於考證。據說，古巴比倫人以太陽、月亮、金、木、水、火、土七星為七日名，這種以七天為一週的記日法就叫做星期。日為大，一週之始就是星期日。

一週從星期一開始的記日法也是有根據的。《聖經》記載：上帝創造世界萬物，上帝在第一天把光明和黑暗分開，有白天和夜晚；第二天創造天地，有上下之分；第三天創造草、木、蔬菜，大地披上綠裝；第四天創造日月星辰，確定年月日和季節；第五天創造魚、水生動物、各種飛禽，讓海洋、大地、天空充滿生機；第六天創造牲畜、昆蟲、野獸，最後上帝

按照自己的形象，創造男人和女人來管理這個世界。上帝造物之工已經完畢，在第七天就休息，稱為聖日，又叫做安息日。因此，星期日就是週末，一週應該從星期一開始。

　　二者相比，「一週從星期一開始」符合先勞動後休息的規律。在日常生活中，人們在星期一早晨上班，都有一週之始的感覺，這也是在心理學上的一個根據。但目前通用的還是「一週從星期日開始」，因為星期六是週末已經是眾人皆知。

元旦並非都是一月一日

　　所有採用西曆（陽曆）的國家，都是以每年一月一日為元旦。但是世界上還有許多國家和民族，由於使用的曆法以及宗教信仰、風俗習慣、季節氣候的不同，新年元旦的日期也各不相同。

　　居住在北美洲北極海沿岸的愛斯基摩人，把第一次下大雪的日子作為新年元旦。

　　有些熱帶國家，把雨季開始的一天作為新年。非洲的烏干達，每年有兩個雨季，所以他們一年有兩個元旦。

　　泰國等地的一些民族，以雨季和旱季作為新年與舊年的分界，把雨季到來之前的4月13日至4月16日，定為佛曆的新年。

　　印尼的凱拉比特族人，將一年中最早的候鳥飛來的時候，作為新年的第一天。

　　埃及人很早就知道觀察星象，他們發現天狼星和太陽一起升起時，尼羅河水就會上漲，於是他們把這一天作為元旦。

　　在敘利亞農村，將9月裡月圓的第一天，作為新年的開始。

　　菲律賓把民族英雄扶西・黎剎的就義日——12月30日定為新年元旦。

巴基斯坦的新年在西曆3月中旬；印度的新年從10月31日開始，節日共有五天，第四天才是元旦；瑞士亞本塞地區的土著居民，以每年1月13日為新年元旦。

哈 雷彗星的由來

年輕的朋友，當哈雷彗星熱潮遍及全球時，你知道哈雷彗星命名的來歷嗎？1682年，寂靜的夜空突然出現一顆形狀奇特的「掃帚星」。一些生活在迷信和愚昧中的人，將其視為不祥之兆。二十六歲的英國青年愛德蒙・哈雷（1656～1742年）卻認為用牛頓的萬有引力定律，可以探求這顆行星的來龍去脈。哈雷收集各種書刊，考察過去的記錄。他把從1337年開始三百多年以來的有關記載，運用微積分進行精確計算，發現1682年出現的這顆行星軌道，與1531年和1607年出現的「掃帚星」軌道極為相似，因此斷言，這三顆「掃帚星」其實是一顆行星的三次重現，它以七十六年左右為週期，沿橢圓軌道繞太陽運行。哈雷預言，這顆行星1758年聖誕節前後還會回來。

果然，1759年3月10日，這顆行星輝映在夜空。後來，1835年和1910年這顆行星又兩度重來。人們為了紀念和表彰哈雷這位偉大的天文學家，將這顆行星命名為哈雷彗星。

節 氣的由來

「立春」，是農曆新年以後的第一個「節氣」。中國古代把一年分為「二十四節氣」這個獨特的創造。「二十四節氣」的發明，是對天象長期觀察和反覆探索的結果。

迄今保存最完善最古老的天文台「登封觀星台」（現存的建築遺跡，

建於元朝初年），座落在古都洛陽東南的登封縣告成鎮。這座巍然挺拔的古建築遺跡，由高9公尺的「測景台」、長31公尺的「量天尺」組成。相傳，周公曾經風塵僕僕，從西周首都鎬京來到這裡，主持測量日影。台上至今還珍藏西元723年唐代所立的石表，上刻「周公測景台」五個字。

在觀察和測量太陽位置變化規律的基礎上，中國古代把一年劃分為若干「節氣」。春秋末年，根據每年「冬至」時刻的測定，推算一年歲實是三百六十五點二五日，在當時是世界上最精密的數值，為準確預報季節和反映氣候寒暖變化創造條件。在《春秋》中，已經有許多春夏秋冬四季的記載。西漢時期問世的《淮南子·天文訓》，完整地記錄「二十四節氣」：驚蟄、清明、穀雨……這些名詞與天氣和物候的對應，足以證明它與農業和畜牧業以及人民生活息息相關，至今仍然被華人沿用，具有悠久的生命力。

元旦、春節

「元旦」一詞，最早出自南朝梁·蕭子雲《介雅》：「四氣新元旦，萬壽初今朝。」「元旦」的意思是新年開始的第一天。宋代吳自牧《夢梁錄》卷一「正月」記載：「正月朔日，謂之元旦，俗呼為新年。一歲節序，此為之首。」元旦，《尚書·舜典》稱為「元日」，漢代崔瑗《三子釵銘》稱為「元正」，晉代庚闡《揚都賦》稱為「元辰」，北齊時期《元會大享歌皇夏辭》稱為「元春」，唐德宗李适《元日退朝觀軍仗歸營》稱為「元朔」。

中國歷代元旦月日並不一致。夏代在正月初一；商代在十二月初一；周代在十一月初一；秦始皇統一六國以後，又以十月初一為元旦。直到漢武帝時期才恢復夏曆，以正月初一為元旦，自此歷代相沿未改。

春節在古代原本指立春之日，《後漢書·楊震列傳》「春節未雨」，

就是指立春。古人也稱整個春季為春節，江淹在《雜體詩·張黃門協苦雨》有「有弇興春節，愁霖貫秋序」詩句，以春節和秋序對稱，就是明顯的一例。

辛亥革命以後，定出四節，元旦為春節，端午為夏節，中秋為秋節，冬至為冬節。於是，春節就成為農曆正月初一的名稱，並且把陽曆1月1日稱為新年，不稱為元旦。

 **節與西曆的關係**

由於西曆和農曆有差別，所以每年春節的西曆日期總是變化的。但是它遵循以下兩個規律：如果上一年農曆有閏月，本年春節要比上一年推遲十九天到來；如果上一年農曆沒有閏月，本年春節要比上一年提前十一天到來。例如：1982年有閏月（農曆閏四月），1983年春節為2月13日，比1982年春節（1月25日）推遲十九天；1983年沒有閏月，1984年農曆甲子年的春節（2月2日）比1983年提前十一天。這個日期差別的原因是：西曆每年為三百六十五天或三百六十六天，農曆每年為三百五十三天至三百五十五天，閏年為三百八十三天至三百八十五天。兩種曆法的平均日數差大概為十一天。農曆平均一年的天數比西曆少，所以春節提前十一天到來；農曆有閏月的那年，總數又比西曆多十九天，因此春節也就推遲十九天到來。

春節在西曆日期十九年重複一次，例如：1982年的春節是在1月25日，十九年以後的2001年的春節也是1月25日。

春天的劃分

春天從何日開始何日結束？沒有一個固定的計算方法，總括起來有三

種：一是按照農曆二十四節氣劃分，從「立春」開始，到「立夏」結束。

二是按照農曆劃分，正月、二月、三月為春天。

三是依照現代氣候學，它對春天劃分的依據是平均氣溫必須達到10℃～22℃。

元宵節的由來

元宵節是中國人傳統的民族節日，正月十五鬧元宵，追溯起來，歷史源遠流長。

根據記載，兩千多年以前，周勃平定「諸呂之亂」以後，漢文帝上台，鑑於平定之日是正月十五日，漢文帝每年這天夜晚就出宮遊玩，和老百姓同樂。在古語中，「夜」又叫做「宵」，「正月」又稱為「元月」，因此漢文帝將正月十五日定為「元宵節」。從此之後，人們就在元月十五日的晚上，在自家門前張燈結綵，喜氣洋洋地歡度元宵節。

到了宋朝，開始流行一種獨特食品：用糖和各種果肉做餡，外面滾上糯米粉，呈小球形狀，清水煮熟食用，香甜可口。這種食品最早叫做「浮元子」，因為煮熟的時候漂浮在水面上，後來才改稱「元宵」。至於叫做「湯圓」，是竊國大盜袁世凱的禁忌。「元」和「袁」，「宵」和「消」同音，「元宵」有袁世凱被消滅之意。因此，1913年元宵節之前，袁世凱下令將「元宵」改為「湯圓」。袁世凱死後，民間又恢復「元宵」的名稱。

端午節的由來

農曆五月初五是中國的傳統節日——端午節。端午節的名稱是如何而

來？端就是開端和初始的意思。古代，「五」和「午」互為諧音而通用，古人認為「五」是陽氣始盛之數，因此五月第一個逢五日就叫做「端午節」，也稱為「端陽節」。

現在每逢端午節，人們總會想起屈原。但是郭沫若經過考證證明，端午節最早並不是為了紀念屈原，而是為了紀念伍員。伍員，字子胥，春秋時期楚國人。西元前522年，因為父兄被楚平王殺害，投奔吳國，幫助闔閭刺殺吳王僚而奪取王位，伍員率兵伐楚，攻破楚國郢都，報了父兄之仇。後來，伍員遭受讒言誹謗，於西元前484年自殺而亡，屍體被裝入皮革做的袋裡投入錢塘江中，傳說從此錢塘江常起波濤，洶湧澎湃，直沖吳國境內。於是，吳國百姓在每年的五月初五舉行「迎濤」儀式來紀念伍員。

為什麼端午節紀念屈原的說法流傳得更廣？這是因為人民對至死不離開祖國的屈原比對引異國軍報父兄仇的伍員更加熱愛的緣故。屈原遭到反動貴族的反對和排擠，長期過著流浪生活。秦兵攻破郢都以後，他看到人民的苦難和政治理想的破滅，就在西元前278年的五月初五投汨羅江殉國。百姓們聞訊以後，從四面八方趕來划船搶救，並且把裝著米的竹筒扔到江裡祭奠。後來相沿成習，就留下端午節划龍舟和吃粽子的習俗，並且流傳到日本、韓國、東南亞等地。

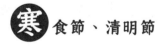

寒食節、清明節

根據史書記載：遠在春秋時期，中國的老百姓就運用晷測量日影的辦法，定出春分、夏至、秋分、冬至四個節氣。到了西元前200年的秦漢時代，又確立為二十四節氣，其中就有清明節。

許多地區又把清明節稱為寒食節和祭祀節，寒食節應該在清明節的前一天（一說「前兩天」），由於時間相近，人們就習慣地把兩個節日當成

一個節日。

寒食節的由來，取意於春秋時期的晉文公悼念功臣介之推的故事：晉文公重耳早年在外顛沛流離，介之推和他患難與共，相伴十幾年忠貞不二，最艱難的時候，曾經割下自己腿上的肉讓重耳充饑。後來，重耳當上君主，要重賞有功之臣，不料介之推蔑視權貴，隱居深山，過著清貧的生活。重耳尋找不到，就下令放火燒山，想逼迫介之推出來。面臨大火，介之推仍然不下山，最後緊抱一棵大樹，活活被燒死。晉國百姓為了紀念介之推，每年冬至以後的第一百零五天，即介之推被焚之日，定為寒食節，家家戶戶嚴禁煙火，吃三天寒食。

介之推被火燒死，《左傳》和《史記》都有記載。

清明節流傳下來，又成為中國人追念先人和祭掃墓地的風俗節日。

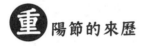陽節的來歷

農曆九月初九是中國傳統的重陽節。為什麼把九月初九叫做「重陽」？在《易經》裡，八卦以陽爻為九，所以將「九」定為陽數。九月初九，月是九為陽，日又是九又為陽，兩九相重為重九，兩陽相重為重陽，所以九月初九既稱為「重九」，又叫做「重陽」。根據南朝人吳均撰寫的《續齊諧記》記載：相傳在東漢年間，有一個叫做費長房的道士，他預言其徒弟桓景家中在9月9日會遭遇大難，但是如果戴茱萸和飲菊花酒，並且出戶往高山上，就可以避難。桓景依照他的話去做，一家人到山上躲避一天，回來看到家中的雞、牛、犬、羊都死了，只有家人倖存。從此以後，人們就有重九登高的習俗，並且把這天定為「重陽節」，相沿流傳至今。

這個傳說雖然有濃厚的迷信色彩，但是按照現代科學觀點分析，重陽節前後正值秋季，是季節交替轉換、細菌繁殖、流行病容易發生的高峰期，費長房叫人出戶登高，不外乎是讓人們出去曬太陽，並且喝一點酒，

調節精神和情緒，增強抵抗能力。在醫學很不發達的古代，費長房這種以預防為主的辦法，也是難能可貴的。

十四節氣的意義

立春——春季開始的意思。

雨水——嚴寒就要過去，降雨開始，雨量逐漸增加。

驚蟄——溫度逐漸升高，開始有雷雨，冬眠動物復甦，出土活動。

春分——春季的中間，太陽正好直射赤道。這一天的白天和夜晚一樣長。

清明——氣候溫暖，草木繁茂，天氣明朗。

穀雨——降雨量增多，對穀類增長有利。「穀雨」是「雨生百穀」的意思。

立夏——夏季開始，作物生長旺盛。

小滿——麥類等夏熟作物的籽粒逐漸飽滿，但是沒有成熟。

芒種——在這個時期，麥類等有芒作物成熟，進入夏收夏種的忙碌時期，所以農諺中有「芒種忙種」的說法。

夏至——炎熱的夏天到了，氣溫繼續升高。這一天白天最長，夜晚最短。

小暑——「暑」是炎熱的意思，小暑表示還沒有達到最炎熱的程度。這個時候，正值「初伏」前後，進入炎熱初期。

大暑——這是一年中最熱的時期，正當「中伏」前後。

立秋——秋季的開始，氣溫由最熱逐漸下降。

處暑——「處」有躲藏和終止的意思，表示炎熱即將過去，氣溫明顯下降。

白露——這個時期，氣溫下降比較快，夜間比較涼，空氣中水汽凝成露水，因此早上露水比較重。

秋分——秋季的中間，這一天的白天和夜晚一樣長。

寒露——表示氣溫已經很低，夜間露水很涼。

霜降——開始降霜的意思。天氣漸涼，夜間露水可以凝成小晶冰。

立冬——冬季開始的意思。

小雪——開始降雪，但是下得比較小。

大雪——降雪已經比較大的意思。

冬至——一年最冷的時期開始。進入「數九寒天」以後，一天比一天冷。這一天白天最短，夜晚最長。

小寒——「寒」是寒冷的意思，表示還沒有到最寒冷的時期。

大寒——人們習慣把這個節氣當作一年中最冷的時期（實際上，「小寒」才是一年中最冷的時期）。

除夕何解？

「除夕」的「除」字的本義是「去」，引申為「易」，即交替；「夕」字的本義是「日暮」，引申為「夜晚」。因此，「除夕」含有舊歲到此夕而除，明日即另換新歲的意思。「除夕」就是一年最後一天的夜晚。

「除夕」源於先秦時期的「逐除」，《呂氏春秋‧季冬記》記載：古人在新年的前一天，擊鼓驅逐「疫癘之鬼」。這就是「除夕」節令的由來。最早提及「除夕」這個名稱，是西晉周處的《風土記》等書。「除夕」在古代還有許多雅稱，例如：除儺、除夜、逐除、歲除、大除、大盡。

古往今來，中國民間，在除夕有很多富有積極意義的習俗。「歲晚相與餽問」為「餽歲」，「酒食相邀呼」為「別歲」，至除夜達旦不眠為「守歲」。「蜀之風俗如此。」（蘇軾《歲晚三首序》）中國在千百年以來，還有除夕「吃年夜飯」的習俗。這頓年夜飯，雞、鴨、肉、魚，樣樣俱備，全家團聚，共進一頓豐盛的晚餐。這也是人們回顧舊歲和憧憬新年的一種形式。

與說話有關的那些事

標點符號的來歷

古時候寫文章沒有標點符號，讀起來很吃力，甚至產生誤解。到了漢朝，才發明「句讀」符號，語意完整的一小段為句，句中語意未完而語氣可停頓之處為「讀」（音逗）。所用符號有兩種，一種是「、」，另一種是「ˇ」，都是讀書斷句標誌。宋朝用「。」和「，」來表示句讀。1897年，廣東東莞人王炳耀在中國原有斷句法的基礎上，吸收外國新式標點，初擬十種標點符號。「五四」運動期間，標點符號隨著白話文的興起日趨完善。1919年，國語統一籌備會在中國原有標點符號的基礎上，參考各國通用的標點符號，提出《請頒行新式標點符號議案》，列出標點符號的種類和用法，就成為我們現在的標點符號。

連中三元的「三元」是什麼意思？

「三元」，即解元、會元、狀元的合稱，三者分別指明清時代開科取試的鄉試、會試、殿試的第一名。明代也以殿試的前三名為三元，即狀元、榜眼、探花。

明清時代，科舉考試分為四級，即院試（縣、府試）、鄉試（省試）、會試（京試）、殿試（廷試）。

院試在縣、府舉行，童生可以參加院試，考中的稱為「生員」、「相公」、「秀才」。

鄉試每三年在各省省城舉行一次。生員（秀才）才有資格參加，考中的稱為「舉人」，第一名舉人稱為「解元」。

會試在京城禮部舉行，舉人才有資格參加，考中的稱為「貢士」，第一名貢士稱為「會元」。

殿試是最高級的考試，由皇帝親自主持，貢士才有資格參加，考中的稱為進士，第一名稱為「狀元」，第二名稱為「榜眼」，第三名稱為「探花」，合稱「三甲鼎」。

科舉制度從隋朝開皇九年（西元589年）直到清朝光緒三十一年（西元1905年），在中國存在一千三百多年。

問 號的來歷

中國的古書裡沒有標點符號，當然也不會有問號。問號是從歐洲傳來的。

問號「？」源於拉丁文中的「questio」一詞，即是指問、疑問、問題的意思。在問號出現以前，每當有表示詢問的句式時，就在句子末端加上questio。

人們為了書寫的方便起見，取開頭的「q」和末尾的「o」，縮寫成「qo」。不久之後，又有人把「q」寫在上面，「o」寫在下面，久而久之，草寫成為「？」。

轅 門的來歷

在中國戲曲中，有幾齣帶有「轅門」字樣的傳統劇目，例如：《轅門射戟》和《轅門斬子》。此外，許多台詞和唱詞裡，也有「推出轅門問斬」和「轅門以外把刀開」語句。這裡所說的「轅門」是指「軍營之門」。為何稱「軍營之門」為「轅門」？春秋戰國時期，兩軍作戰是在馬拉著的戰車上進行的。當軍隊宿營或駐紮時，為防止敵人騷擾攻擊，兵士們就將戰車圍成圓形以為屏障。為便於出入，則以兩車相向而放為門。因為車轅相對，所以稱為「轅門」。由於約定俗成，因襲相傳，雖然戰車已

經被淘汰，但是「轅門」一詞被保留下來並且推廣，有時候把高級軍事衙署的正門也稱為「轅門」。

科學家一詞的由來

我們經常說某某科學家，但是你知道科學家這個詞語的來歷嗎？古時候，雖然有從事科學事業的人，但是沒有「科學家」這個稱呼。「科學家」一詞誕生的時間大概是在1840年，創造這個詞語的是英國劍橋大學歷史學家兼哲學家費米爾，他說：「在一般科學領域裡孜孜不倦的耕耘者，我們急需給予他們一個適當的稱謂，我想要稱呼他們為『科學家』。」「科學家」這個詞語在拉丁文中是「scien」，即瞭解的意思；法文是「science」，泛指一切學習的形式；德文是「Die Wissenschaft」，可與科學通用。有些人曾經對科學家做出這樣的評語：他們具有「敏銳的觀察，精細的實驗，謹慎的分類，證據的收集，結論的研判」的素質。

是不是有「科學家」這個詞語以後，才相繼出現「天文學家」等名稱？不是。「科學家」這個詞語，與「天文學家」和「化學家」等稱謂有早有遲。例如：「天文學家」大概在1400年以前的英文文獻已經有記載。「數學家」的名稱比「天文學家」晚二十多年才發現。「化學家」出現在14世紀。「動物學家」和「植物學家」在17世紀才有。「生物學家」、「心理學家」、「地質學家」大概出現在18世紀。只有「物理學家」與「科學家」幾乎同時問世。

老先生的由來

「老先生」這個稱呼，一般是對有學問的人的一種尊稱。這種稱呼最早見於《史記‧賈誼列傳》。到了明朝，把擔任翰林官員的人稱為「老先

生」，雖然有些翰林官員年齡不大，但是仍然稱其為「老先生」。到了清朝，把擔任相國或兩司撫台的官員也稱為「老先生」。時至今日，老先生這個稱謂有多種含義，已經不只是尊稱，有時候還有戲謔和譏諷的味道。

何謂「社稷」？

「社稷」是一個特指名詞。社，古代指土地之神，古代也把祭祀土地的地方與日子和祭禮叫做社。稷，指五穀之神，「社稷」從字面來看，是表示土穀之神。由於古代的君主為了祈求國事太平和五穀豐登，每年都要到郊外祭祀土地和五穀神。社稷也就成為國家的象徵，後來人們就用「社稷」來代表國家。「社稷之憂」、「社稷之患」、「社稷之危」，都是指「國家」的憂慮、隱患、安危。這個代稱，現代白話文文章已經很少使用。

為何稱物件為「東西」？

人們為什麼把所有物件統稱為「東西」？古代，把木、金、火、水、土稱為「五行」（分別代表東、西、南、北、中五個方位）；把甲、乙、丙、丁、戊、己、庚、辛、壬、癸稱為「天干」，又把「五行」和「天干」對應起來，組成「五方」。即：東方甲乙木、南方丙丁火，西方庚辛金，北方壬癸水，中方戊己土。可以看出，東方屬木，可以代表一切植物，例如：花草、樹木、蔬菜、莊稼；西方屬金，可以代表一切金屬礦物，例如：金、銀、銅、鐵、錫；南方屬火，火是一種化學現象；北方屬水，嚴格來說，水也是一種化學現象。然而，在遠古時代，人們可能不把水和火當作物質。至於中方的土，因為遍地皆是，以致被古人忽視。由此看來，只有木（植物）和金（金屬礦物）最受人們重視，可以代表一切有

用物質。於是，人們就把代表「木」和「金」的兩個方向名連在一起，組成一個「詞語」——東西，用它代表世界上的所有物件。

另一說，清代著名學者紀曉嵐認為：物產四方而約舉「東西」，就像歷史記載四時而簡稱「春秋」。

夫的來歷

我們經常稱呼醫生為「大夫」，例如：張大夫、李大夫，「大夫」這個稱呼是如何而來？遠在宋朝，醫事制度和醫學教育都有相當的發展，負責管理醫療行政的官職很多。宋制翰林醫官院醫官分為七級，官職更多，有二十二種，例如：和安大夫、成和大夫、成安大夫、成全大夫、保安大夫、翰林良醫、和安郎、保安郎、翰林醫正、翰林醫痊、翰林醫令、翰林醫診、翰林醫學……所以，「大夫」就是當時醫官的頭銜。從那個時候開始，人們就稱呼醫生為「大夫」。

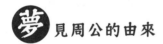見周公的由來

根據《後漢書・邊韶列傳》記載：東漢時期的邊韶，字孝先，博學多通，善於辭令，在文學上有很深的造詣，當時名聲很大，他的學生有數百人。他經常在白天閉上眼睛假睡，有些學生私下譏笑他：「邊孝先，腹便便。懶讀書，但欲眠。」這些譏笑的話語傳到邊韶的耳裡，他立刻反唇相譏：「邊為姓，孝為字。腹便便，五經（《詩》、《書》、《禮》、《易》、《春秋》）笥。但欲眠，思經事。寐與周公通夢，靜與孔子同意。師而可嘲，出何典記？」學生被他說得羞愧不堪，無言應對。

周公，即周武王（姬發）的弟弟姬旦，曾經作《周禮》，此書是一部封建社會禮法的經典著作。邊韶辯駁：「我肚子肥大，因為滿腹是《五

經》。我昏昏欲睡，是在冥思經書之事。我睡覺時和周公夢裡相見，沉靜中與孔子溝通思想。」後來，「夢見周公」被人們用來譏嘲或謔稱那些白天睡覺的人，已經不是原來的意思。

名 單為什麼稱為「花名冊」？

在日常事務中，為什麼經常把名冊或名單叫做「花名冊」？古代登錄戶口名冊，把人名叫做「花名」，戶叫做「花戶」。花，言其錯雜繁多。「花名冊」就是由此而來。

「花名」一詞是從古而來，現在不一定沿用它，可以用「名單」或「名冊」，這樣更容易瞭解。

信 口雌黃的原義

「信口雌黃」是指隨口更改言論，就像用雌黃改錯字。雌黃，又稱為雞冠石，黃色。在古代，雌黃是文人用以改正錯字的顏料。

改正錯字，書寫中不可避免。在竹簡和木簡的時代，文人用刀筆刮削竹片改字，所以有刀筆吏之稱。使用紙張以後，刮或洗容易損壞紙張；用紙黏，容易脫落；用粉塗抹，又蓋不住濃墨。可是，如果用雌黃來塗抹，會使字跡全無，其色又與紙（古代使用黃紙）相近，雌黃又有毒性，可以殺菌滅蟲防蛀。

在 《紅樓夢》裡，沒有「她」

在大觀園裡，有那麼多太太、小姐、丫頭，但是《紅樓夢》中卻沒有

「她」字。這是怎麼回事？這是由於《紅樓夢》誕生的時候，「她」字還沒有問世！《紅樓夢》是清朝末年曹雪芹的作品，1791年出版，「她」字直到1920年才由劉半農創造出來。從前，文章裡的第三人稱代詞男女不分，都稱為「他」。五四運動以後，有些人用「伊」字代替女性的「他」，但是「伊」與「他」並用，經常造成混亂。於是，劉半農專門創造「她」字。「她」與「他」讀音相同，而且符合口語習慣，很快得到各界人士的稱讚和公認。

 字千金的由來

兩千多年以前，秦國的宰相呂不韋組織他的門客集體編纂一部大書——《呂氏春秋》。書成之後，把「稿本」掛在首都咸陽的城門上，聲稱可以增刪一字者賞給千金。不知道是因為這本書實在編得很好，還是人們畏懼呂不韋的權勢，竟然沒有人可以拿走這筆高額「獎金」。於是，這個故事引出一個「一字千金」的成語。

三 姑六婆的由來

民間經常有「三姑六婆」之說，意思是指家庭關係複雜，媳婦在婆家不好相處。其實，原意並非如此。「三姑」是指：尼姑、道姑、卦姑，「六婆」是指：牙婆、媒婆、師婆、虔婆、藥婆、穩婆。

關於「三姑六婆」的來歷，最早可以追溯到明代。明代有一位叫做陶宗儀的學者，他著作的《輟耕錄》第十卷有這樣的記述：「三姑者，尼姑、道姑、卦姑也；六婆者，牙婆（販賣人口的婦女）、媒婆、師婆（女巫）、虔婆（鴇母）、藥婆、穩婆（接生婆）也。」清代小說家李汝珍在他的小說《鏡花緣》中有這麼一段文字：「吾聞貴地有三姑六婆，一經招

引入門，婦女無知，往往為其所害，或哄騙銀錢，或拐帶衣物。」這就是「三姑六婆」的原意。

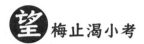梅止渴小考

「望梅止渴」的典故發生在哪裡？《世說新語·假譎》記載：「魏武行役，失汲道，軍皆渴，乃令曰：『前有大梅林，饒子，甘酸，可以解渴。』士卒聞之，口皆出水，乘此得及前源。」但是沒有交代地點。根據《曆陽典錄》和《巢湖風物志》記載：建安二年（西元197年），曹操伐吳，領兵十萬，從許昌南下，路過安徽含山縣梅山，將士口渴心焦，找不到水喝。曹操心生一計，指著前方說：「前山有一片大梅林，梅子很多，又甜又酸，可以解渴。」將士聽聞以後都流出口水，也不感覺渴了。

現在梅山北麓烏龜坡石壁上，還留有前人刻的「曹操行軍至此望梅止渴」十個大字。宋代王安石來這裡遊覽的時候，曾經寫下一首詩，其中兩句是：「將軍馬上設良謀，遙望青山指梅樹。」明人戴重《梅山梅花》：「千里吳江春水深，許君飲馬望江潯。空山花樹無人跡，枉被曹瞞指到今。」

世界上有多少種語言？

根據前德國出版的《語言學與語言交際手段指南》認為：現在世界上已知的語言總共有五千六百五十一種，公認的獨立語言有四千二百種，其中一百萬以上人口使用的有一百六十三種，五千萬以上人口使用的有十九種。使用人數最多的是漢語，使用國家最多的是英語（三十多國），一個國家裡語言種類最多的是印度（八百四十五種）。世界上大概有五百種語言得到人們比較充分的研究，一千五百種語言幾乎沒有人研究。雖然一些

國家的科學界和宗教界人士做出很大努力，佔全世界四分之三強的語言仍然沒有文字。

青睞與白眼的來歷

「青睞」和「白眼」是兩個意思相對的詞語。「青睞」表示對某個人或某種事物的喜愛或重視；「白眼」則是表示輕視，是看不起人的一種表情。關於這兩個詞語，還有一段典故！魏晉時期，有一位著名詩人叫做阮籍，是「竹林七賢」之一。他有一種會使用「青白眼」的本事，對志同道合的人，用青眼（兩眼正視，眼球上黑的多）相看；對不歡迎的人，以白眼（兩眼斜視，眼球上白的多）相待。根據《晉書‧阮籍列傳》記載：阮籍母親去世的時候，嵇喜去弔喪，他以「白眼」相對，嵇喜十分難堪，不快而退。隨後，嵇康帶著酒和琴前往，他換上「青眼」，表示歡迎。至今經常用的「青睞」、「垂青」、「青盼」、「青照」詞語，就是由此而來。

天長地久的由來

「天長地久」原本是指天地存在的久遠之意。

相傳，在清朝乾隆年間，安徽天長縣有一個張秀才應考科舉，考取第九名。張秀才的舅舅和主考官張大人是同窗老友，就去苦苦哀求張大人錄取張秀才。張大人在這種人情難卻的情況下，只好應允。

張大人回朝以後，向皇帝呈上卷宗，皇帝閱卷以後大怒：「原定天長縣取八名，你怎麼取了九名？」張大人連忙啟奏：「這個張某第九名一定要取。此乃大吉大利之兆，祝福我主江山『天長地久』（諧音第九）啊！」乾隆皇帝聽罷，龍顏大悅，就欣然答應。

後來，人們就將「天長地久」作為成語而流傳下來。

喬遷之喜的來歷

搬家是一件吉慶之事，華人歷來有「擇吉搬遷」的習慣，並且把搬家譽為「喬遷」。

「喬遷」這個詞語，來自《詩經・小雅・伐木》：「伐木丁丁，鳥鳴嚶嚶，出自幽谷，遷於喬木。」喬木：高大的樹木。喬遷：鳥兒飛離深谷，遷到高大的樹木上。也就是說，從陰暗狹窄的山谷之底，忽然躍升到大樹之頂，得以飽覽明媚寬敞的天地，確實是令人心花怒放的快事，難怪親友也為其高興而祝賀。

後來，以「喬遷」或「遷喬」賀人遷居，或是官職升遷，稱為「喬遷之喜」。唐代詩人張籍《贈殷山人》：「滿堂虛左待，眾目望喬遷。」

解鈴繫鈴溯源

「解鈴還須繫鈴人」的成語出自於一個故事，這個故事發生在金陵（今南京）。

根據明代瞿汝稷編佛家禪宗語錄《指月錄》卷二十三「法燈」記載：金陵清涼寺（遺址在今清涼山公園內）有一位泰欽法燈禪師，性格豪放，平時不拘守佛門戒規，寺內的和尚都瞧不起他，唯獨法眼禪師對他非常器重。有一次，法眼在講經說法時，詢問寺內眾和尚：「繫在老虎頸項上的金鈴，誰可以去把它解下來？」大家再三思考，都無法回答。這個時候，法燈正好走過來，法眼又向他提出這個問題。法燈不假思索地回答：「只有那個把金鈴繫到虎頸上的人，才可以把金鈴解下來。」法眼聽了以後，認為法燈可以領悟佛教教義，就當眾讚揚他。

後來，人們就用「解鈴繫鈴」（又作「解鈴還須繫鈴人」）這個成語，比喻一件事情出現問題，必須由做此事的人自己去解決。

巾幗英雄的由來

古時候的貴族婦女，經常在舉行祭祀典禮的時候，戴一種用絲織品或髮絲製成的頭飾，這種頭巾式的頭飾叫做巾幗，其上還裝綴一些金珠玉翠製成的珍貴首飾。巾幗的種類及顏色有很多種，用細長的馬尾製作的叫做「剪氂幗」，用黑中透紅顏色製作的叫做「紺繒幗」。

因為巾幗這類物品是古代婦女的高貴裝飾，人們就稱女中豪傑為「巾幗英雄」，後人又把「巾幗」作為婦女的尊稱。

滿城風雨的來歷

宋代黃州有一位詩人潘大臨，勤奮好學，曾經寫出許多好詩。一個傍晚，他饑腸轆轆地躺在床上，傾聽窗外秋風蕭瑟和雨打樹葉的颯颯聲，不由得詩興大發，遂披衣下床，提起筆來，剛寫完一句：「滿城風雨近重陽」，忽然傳來敲門聲，原來是有人上門催租討債。潘大臨只好強打精神，盡力應付。此後，潘大臨再也沒有把這首詩繼續寫下去。現在，「滿城風雨」已經成為我們經常引用的一個成語，意思是：事情（大多指壞事）傳得很快，到處都在議論。

信口雌黃的由來

「信口雌黃」這句成語，其意思是：有些人不顧事實，隨便亂說。

「信口」二字人們容易明白，是隨口說話，但是為何與一個礦物名字——雌黃連在一起？雌黃是一種礦物，其成分為三硫化二砷，檸檬黃色，多為細粒狀、片狀、柱塊狀，也有為腎狀者，多為珍珠光澤。古人寫字的時候用的是黃紙，如果把字寫錯了，用這種礦物塗抹，就可以重寫，所以成語的原由出自於此。

經常與雌黃共生在一起的還有一種礦物叫做雄黃，其成分為硫化砷，橘紅色，多為粒狀或緊密塊狀，也有皮殼狀者，晶面反射光線很強，經常為金剛光澤，這種礦物的另一個名字叫做雞冠石。

百 花齊放的由來

「百花齊放」這個成語，出自於神話故事《鏡花緣》。有一天，武則天心血來潮，想要顯示自己的皇權威力，就在寒冬臘月下一道聖旨給百花：「明朝遊上苑，火速報春知，花須連夜發，莫待曉風催。」百花畏於皇權，只好違背自己的開花時令，製造一個虛假的百花齊放的盛況。牡丹花不願意開放，還受到三令五申的威脅，最後被迫從命。這本身是對皇權的一種諷刺。

百花之開放，是遵循自己本身的規律，不能受到指揮和恩准。各種文學和藝術，不可能也不應該聽指揮來「齊」放。準確一點地說，應該是「百花自放」。

東 窗事發的由來

「東窗事發」這個成語，在現今是密謀敗露的意思，但是它的起源是基於一個傳說。田汝成《西湖遊覽志餘》卷四記載：相傳，秦檜殺岳飛的時候，他和妻子王氏在東窗下密謀策劃。後來，秦檜去世以後，在地獄裡

受盡痛苦。其妻王氏給他做道場，叫道士到陰曹探訪。秦檜對道士說：「可煩傳語夫人，東窗事發矣。」元代孔文卿依此傳說作雜劇《秦太師東窗事犯》，崑劇《瘋僧掃秦》是根據其第二折而改編。

若要人不知，除非己莫為，為非作歹，必有東窗事發之時。

兩袖清風小考

古往今來，凡是為官清廉不貪錢財者，經常以「兩袖清風」自譽。說起它的由來，還有一段有趣的故事！

明朝正統年間，宦官王振以權謀私，每逢朝會，各地官僚為了討好他，大多獻以珠寶白銀。巡撫山西河南的于謙每次進京奏事，總是不帶任何禮品。他的同僚勸他：「你雖然不獻金寶，攀求權貴，也應該帶一些著名的特產，例如：線香、蘑菇、手帕等物，送一些人情！」于謙笑著舉起兩袖風趣地說：「帶有清風！」

五花八門小考

「五花八門」，現在比喻事物繁多，變幻莫測。在古代，「五花八門」卻各有所指。

五花：一、金菊花，指賣茶的女人；二、木棉花，指上街為人治病的郎中；三、水仙花，指酒樓上的歌女；四、火棘花，指玩雜耍的人；五、土牛花，指挑夫。

八門：一門巾，指算命占卦的人；二門皮，指賣草藥的人；三門彩，指變戲法的人；四門掛，指江湖賣藝的人；五門平，指說書評彈的人；六門團，指街頭賣唱的人；七門調，指搭篷紮紙的人；八門聊，指高台唱戲

的人。

永垂不朽溯源

「永垂不朽」一詞，是由「死而不朽」演變而來，指偉人或名人光輝的業績和偉大的精神永遠流傳，不會磨滅。「永垂不朽」一詞，最早見於《左傳・襄公二十四年》。春秋時期，晉國的范宣子問穆叔：「古人說：『死而不朽』，是什麼意思？」穆叔在聽取范宣子的意見以後說：「我聽說，最偉大之處是德行上有建樹，其次是功業上有成就，再次是言論上有創造，德行、功業、言論這三者，即使過了很久時間，也不會消失，這就叫做不朽。」這就是「永垂不朽」一詞的淵源。

君子之交淡如水

古人把品行好的人稱為「君子」，而把道德低下的人斥為「小人」，以此表示兩種不同的人。

《莊子・山木》記載：「且君子之交淡若水，小人之交甘若醴；君子淡以親，小人甘以絕。」品格高尚的人與道德低下的人交往方式不同，最後的結果也不同。「甘若醴」，看起來甜甜蜜蜜，實際上這種交往只是表面的「親暱」，沒有牢靠的基礎，友情是不真摯的，當然不會長久，一有風吹草動，就至於絕交，所以莊子說它「甘以絕」。君子之間的交往就不同，看起來「淡如水」，可是它的基礎卻根深蒂固，牢不可破。為什麼？《禮記・表記》也有一段解釋：「君子之接如水，言君子相接，不用虛言，如兩水相交，尋合而已」，說得十分具體生動。君子之間的友誼是真摯的，毫不虛偽，這樣的交情，就像兩水相合，十分自然融洽。小人之交以利相動，彼此建立在利害關係上，如果利害衝突，往往反目為仇。君子

之交則以道相合，無利可圖，相互交往「淡如水」，正因為他們有共同的事業、高尚的生活理想、一致的追求目標，所以志同道合的友情，經得起時間的考驗。「淡以親」三字，就是從形式到實質做出恰如其分的概括。

現在我們說的「君子」與古人說的「君子」概念不同，我們只是把這個「君子」的詞語來泛指品行高尚的人，我們提倡這種純潔而高尚的友誼。

暗渡陳倉的來歷

西元前206年8月，居於漢中的劉邦採納大將韓信的計謀，派將領督修燒毀的褒斜棧道，做出從棧道出關的架勢，暗地裡卻部署兵起故道的戰略方針，造成假像，迷惑項羽。他出其不意地率軍翻越柴關嶺，過鳳縣，兵出陳倉故道，採取裡應外合的戰術，一舉攻下大散關，並且輕而易舉地拿下陳倉城，打開守衛關中平原的西大門。爾後，揮師向東，佔領三秦，奠定與項羽爭雄天下的基礎。這就是「明修棧道，暗渡陳倉」典故的來歷。這裡的陳倉，在寶雞市東十五里的代家灣。這個重大的歷史事件，使陳倉久負盛名。

目不識丁的由來

人們稱文盲為「目不識丁」，意思為「丁」字都不識，可見其不通文字的程度，其實這是一種誤解，因為「目不識丁」一詞的由來，自有其演變形成的過程。追根溯源，首先源起於《舊唐書・張延賞列傳》：「汝輩挽得兩石力弓，不如識一丁字。」竇苹《唐書音訓》則云：「丁恐當作個。」

也就是說，「不如識一丁字」的「丁」，應該是「個」字之誤。宋人

吳曾《能改齋漫錄》也認為如此，說明《舊唐書》所云確實為「不如識一個字」。由於印刷或書寫之誤，一般讀者又不深究，所以流傳為「不如識一個丁字」，後來演變為「不識一丁」，或曰「目不識丁」。

十惡不赦的來歷

「十惡不赦」的說法，初見於唐朝。根據唐律的規定，十惡大罪的具體內容如下：一曰謀反，即以各種手段反對以專制君主為代表的封建國家統治的行為。二曰謀大逆，即預謀毀壞宗廟山陵及宮闕的行為。三曰謀叛，主要是指本朝官吏背叛朝廷而投奔外國或投降偽政權的行為。四曰惡逆，主要是指毆打和謀殺尊親屬的行為。五曰不道，是指殺死無罪者或殺人以後而肢解的行為。六曰大不敬，凡是對專制君主的人身及尊嚴有所侵犯之行為，都認為是大不敬。七曰不孝，就是子女不事父母者。八曰不睦，即親族之間互相侵犯的行為。九曰不義，就是卑下侵犯非血緣尊長的行為。十曰內亂，即家族之間犯姦的行為。

開卷有益的由來

「開卷有益」是一句鼓勵人們讀書的話，意思是說：只要你經常打開書本讀下去，一定會有所收穫。但你是否知道它的出處？這是一句成語，原本出自宋太宗趙光義之口。根據宋人王闢之所著《澠水燕談錄》記載：「太宗日閱《御覽》三卷，因事有缺，暇日追補之，嘗曰：『開卷有益，朕不以為勞也』。」所提《御覽》，係指《太平御覽》，為宋朝初年四大類書之一。該書由宋太宗親命大臣李昉等人編纂，自太平興國二年，初名《太平編類》，或稱《太平類編》。全書共一千卷，引書浩博，多至一千六百九十種。其中漢人傳記百餘種，舊地志兩百餘種，皆為當今佚

書，因此是一部十分珍貴的大型類書。書成，即呈皇帝御審。宋太宗每天閱讀三卷，即使有事情耽誤，也要趁空閒時間補讀。因此，「不以為勞」，花費一年的時間，堅持把這部洋洋巨著從頭至尾全部讀完，並且親作題簽，將其更名為《太平御覽》。這就是「開卷有益」及《太平御覽》的由來。

葉落歸根溯源

遠在海外的中國人，經常用「葉落歸根」來表示思念故土之情。葉落歸根一詞的意思最早見於《荀子·致士篇》，原句是：「水深而回，樹落則糞本。」在《漢書·翼奉列傳》的註解裡，被引申為「木落歸本，水落歸末」。當時的語義比較淺顯，也比較接近「葉落歸根」這句俗語。宋人所撰的佛教書籍《傳燈錄》就明確出現這句俗語，其中有云：「六祖慧能涅槃時，答眾曰：葉落歸根，來時無口。」後來，南宋詩人陸游就把這句俗語納入詩中，作成「雲閒望出岫，葉落喜歸根」的佳句。

捉刀與斧正

在寫作中，人們往往把代替別人寫文章叫做「捉刀」，把請求別人修改文章叫做「斧正」。

「捉刀」的典故，出自於《世說新語·容止》。書中記載，匈奴使臣請見，曹操自以為形貌醜陋，就叫崔琰代替自己接見，自己卻持刀站在床頭。接見完畢，曹操叫人問匈奴使臣：「魏王（指曹操）這個人怎麼樣？」匈奴使臣回答：「魏王聲望好，可是床頭持刀的人，才是真正的英雄啊！」後來，人們就用「捉刀」來指代替人做事，尤其是代替人寫文章。

「斧正」的典故，出自於《莊子‧徐無鬼》，書中說：楚國國都郢有一個人在粉刷牆壁時，鼻尖上濺了一點薄薄的白泥，於是他去請一位叫做石的匠人給削掉，只見匠人舉起斧頭劈將下來，正好削去白泥，那個人的鼻尖絲毫沒有損傷。後來，「斧正」就成為請人修改文章的代名詞。

七十二行的由來

「七十二行」的說法，人們經常以此來比喻社會上的各行各業，但是此說從何而來？根據宋周輝《清波雜志》記載，中國唐代的行業為「三十六行」，即：肉肆行、宮粉行、成衣行、玉石行、珠寶行、絲綢行、麻行、首飾行、紙行、海味行、鮮魚行、文房用具行、茶行、竹木行、酒米行、鐵器行、顧繡行、針線行、湯店行、藥肆行、扎作行、仵作行、巫行、驛傳行、陶土行、棺木行、皮革行、故舊行、醬料行、柴行、網罟行、花紗行、雜耍行、彩輿行、鼓樂行、花果行。

徐珂《清稗類鈔‧農商類》記載：「三十六行者，種種職業也。就其分工而約計之，曰三十六行，倍則為七十二行，十之則為三百六十行。」田汝成《西湖遊覽志餘》記載：「杭州三百六十行，各有市語。」據此，人們經常說的七十二行或三百六十行，並非行業的具體數字，而是各行各業的概稱而已。

破天荒的來歷

唐代科舉制度規定，凡是考進士的人，都由地方解送入試。當時，荊州南部地區四五十年竟然沒有一個考中。於是，人們稱荊南地區為「天荒」，意思是混沌未開的原始狀態，或是荒遠落後的地區，譏笑那裡幾十年沒有考上一個進士。唐宣宗大中四年，在荊南應試的考生中，有一個考

中進士，總算破「天荒」。因此，古代文人經常用「破天荒」來表示突然得志揚名，現在用來指從未有過或第一次出現的新奇事情。

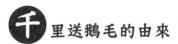里送鵝毛的由來

唐代貞觀年間，回紇使臣緬伯高遵照國王命令，帶珍珠寶物向唐朝進貢，同時還帶著一隻他們認為世間稀有的白天鵝。這隻白天鵝長得十分美麗可愛，緬伯高親自用籠子裝著護送。到了湖北沔陽地方，發覺天鵝非常口渴，就放牠到湖裡喝水，一不小心，天鵝展翅高飛，倉促之間，緬伯高只抓到一片鵝毛。這樣應該如何是好？他想來想去，只好硬著頭皮，把鵝毛用絲緞包裹好，並且附上自己寫的一首詩，送給唐太宗。詩云：「天鵝貢唐朝，山重路更遙；沔陽河失寶，回紇情難拋。上奉唐天子，請罪緬伯高；物輕人意重，千里送鵝毛。」唐太宗看完詩以後，感覺來使的心裡負擔很重，就安撫一番，同時把天鵝毛誠懇地收下來，回送一些中原特產，例如：絲綢、茶葉、玉器之類，緬伯高轉憂為喜。他在中原住了一段時間，然後把答禮帶回去，還在回紇國王面前，大讚唐朝友好之情。後來，回紇繼續派遣使者歲歲來朝，並且積極進行文化交流。從此，「千里送鵝毛，禮輕人意重」就成為中國民間流行的口頭禪。

露馬腳的來歷

相傳，朱元璋自小家境貧寒，年輕的時候與一位也是平民出身的馬姑娘結婚。這位馬姑娘長著一雙未經纏過的「大足」，在當時是一大忌諱。朱元璋當上皇帝以後，仍然感念馬氏輔佐有功，將她封為明朝第一位皇后。但是，「龍恩」雖然重大，深居後宮的馬氏卻因為腳大而深感不安，在人前從來不敢將腳伸出裙外。有一天，馬氏忽然遊興大發，乘坐大轎走

上金陵街頭。有些大膽者悄悄瞧上兩眼，正巧一陣大風將轎簾掀起一角，馬氏擱在踏板上的兩隻大腳赫然入目。於是，一傳十，十傳百，頓時轟動金陵城。從此，「露馬腳」一詞也隨之流傳於後世。

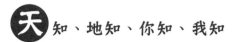 ## 天知、地知、你知、我知

東漢時期，楊震是一個頗得稱讚的清官，他做過「荊州刺史」，後來調任為「東萊太守」。當他去東萊上任的時候，路過昌邑。昌邑縣令王密是他在荊州刺史任內薦舉的官員，聽得楊震到來，晚上悄悄去拜訪楊震，並且帶金十斤作為禮物。

王密贈送這樣的重禮，一是對楊震過去的舉薦表示感謝，二是想要透過賄賂請楊震以後再多加關照。可是，楊震當場拒絕這份禮物，並且說：「故人知君，君不知故人，何也？」王密以為楊震假裝客氣，就說：「暮夜無知者。」楊震生氣地說：「天知、神知、我知、子知，何謂無知！」王密十分羞愧，只好帶著禮物，狼狽而回。

然而，「天知、神知、我知、子知」被改為「天知、地知、你知、我知」，後來卻被人們反其意用之，成為訂立攻守同盟時的常用語。

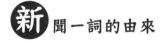 ## 新聞一詞的由來

在中國新聞史上，「新聞」一詞最早源於北宋末年出現的小報。

中國最早的報紙——邸報，大約開始於唐朝，它純屬官方報紙，主要登載皇帝的命令文告與臣下的奏章和官吏任免消息之類的政治文件。邸報發表的內容要經過嚴格審查，這樣一來，就會延誤傳遞的時間，讀起來也枯燥無味，無法滿足一些官僚和地主階級知識份子想要知道宮廷內幕消息和政治動態的要求，於是小報應運而生。

北宋末年，一些中下級政府官員和書鋪主人秘密合作，將未經官方審查以及邸報尚未發表或是不準備發表的消息，私自「以小紙書之，飛報遠近」。當時，人們私下把這種小報叫做「新聞」。從此以後，「新聞」這個名詞就與報紙聯繫起來。

學 富五車與才高八斗

形容一個人知識淵博而才學高深，人們往往喜歡用「學富五車」和「才高八斗」來讚譽。「學識」怎麼可以用「車」來載，「才高」怎麼可以用「斗」來量？原來其中都有典故。

「五車」出自《莊子・天下》：「惠施多方，其書五車，其道舛駁，其言也不中。」是說戰國人惠施方術甚多，卻雜亂不純，而且言而不當。「其書五車」是指他的藏書豐富，古代還沒有發明紙張之前，書都是用竹簡製成，每片上刻有字，串編起來就變成書。當時的五車書雖然與現在的五車書不可等量齊觀，但是也可謂「飽學之士」。

「八斗」是南朝謝靈運稱讚三國魏詩人曹植用的比喻。他說：「天下才有一石，曹子建（曹植）獨佔八斗，我得一斗，天下共分一斗。」（見無名氏《釋常談》）看來，謝靈運對自己的才學也是相當自負。後來，人們就把「才高八斗」這個成語比喻為文才高超的人。唐代著名詩人李商隱在《可歎》詩中寫下：「宓妃愁坐芝田館，用盡陳王（即曹植）八斗才。」在這裡，詩人借用「才高八斗」這個典故。

三 隻手的來歷

「三隻手」一詞，源於古羅馬劇作家普勞圖斯的喜劇《一壇黃金》。該劇第四幕第四場中，老吝嗇鬼歐斯洛丟失一壇金子，他懷疑是僕人所

為，僕人伸出手給他查看，看了一隻手，又看另一隻，最後不甘心還要看「第三隻」。於是，「三隻手」作為小偷的代名詞，被沿用至今。

消息的由來

最早出現「消息」一詞是《易經》：「日中則昃，月盈則食，天地盈虛，與時消息。」這就是說，太陽到了中午就會逐漸西斜，月亮圓了就會逐漸虧缺，天地之間的事物，有些豐盈，有些虛弱，都隨著時間的變化而變化，有時候消滅，有時候滋長。從此以後，古人就把客觀世界的變化，把它們的發生、發展、死亡，把它們的榮枯、聚散、浮沉、升降、興衰、動靜、得失等變化中的事實稱為「消息」，也就是新聞。

與文學有關的那些事

詩歌何時稱為「首」?

在古代,詩歌最初稱為「篇」或「章」,而不稱為「首」。例如:中國最早的《詩經》叫做「三百篇」,屈原的詩作叫做「九章」。詩歌稱為「首」,最早出現於東晉初年。有一個名叫孫綽的詩人,在《悲哀詩序》中寫下:「不勝哀號,作詩一首。」一個名叫支通的詩人,在《詠禪道人詩序》中寫下:「聊著詩一首。」從此,人們普遍稱詩為「首」。由此推算,把詩歌稱為「首」,已經有一千六百多年的歷史。

漫話《紅樓夢》

《紅樓夢》這部偉大的古典小說,還有《石頭記》、《風月寶鑑》、《金陵十二釵》等書名。原書的「凡例」記載,「紅樓夢」是「總其全部之名」。意思是說,整部小說寫的就是紅樓夢。「紅樓」和「朱門」一樣,是古代王侯貴族住宅的代稱。不言而喻,「紅樓夢」就是說紅樓貴族的顯赫無非一夢。清代作家曹雪芹,透過賈、史、王、薛四大貴族家族從興盛到衰敗的描寫,生動具體地展示封建社會必然滅亡的歷史趨勢。書名《紅樓夢》,寓意深刻。

什麼是「采風」?

在中國古代,「采風」的含義主要是指採集民歌。民歌是一個總稱,它包括民謠,後來又包括諺語,早在西元前一千多年的《周易》中,就有產生於商代的民間謠諺。

西元前五百多年編寫的《詩經》,其中《國風》的絕大部分和《小

雅》的小部分，就是周朝初年到春秋中期的民歌，它們都是從民間采來的。可見中國的采風活動起源很早，歷史悠久。

到了「五四」文化運動時期，一些學者從國外引進民俗學，「采風」二字的含義就擴大，它泛指採集一切民間的創作和風俗。

目前，人們所説的采風，又局限於指採集民間的口頭創作，包括：神話、傳説、歌謠、故事、諺語、小戲、説唱、謎語。

別裁是什麼意思？

清代著名選詩家沈德潛曾經編選《唐詩別裁集》、《明詩別裁集》、《清詩別裁集》，稍後於沈德潛的張景星等人又編著《宋詩別裁集》（原名《宋詩百一鈔》）、《元詩別裁集》（原名《元詩百一鈔》）。後來，有人將五書合刻，稱為《五朝詩別裁集》。「別裁」是辨別和剔除的意思，典故出於杜甫詩作，杜甫《戲為六絕句》：「別裁偽體親風雅，轉益多師是汝師。」杜甫認為對待前人的詩歌要分別裁定，加以取捨。對於「偽體」即形式主義詩歌，要在「別」的基礎上有所「裁」；對於《詩經》的《國風》與《小雅》表現的現實主義傳統，則要發揚光大。沈德潛等人以「別裁」作為詩選的名稱，意在表示所編詩選已經將「偽體」剔除。但是由於編選者眼光的局限，仍然有一些有悖封建「詩教」的好詩被排斥，同時又有一些贋品入選。

七——中國古代的一種文體

「七」不僅是數字，在中國古代，「七」還是一種文體，也就是「七體」。

「七體」文章，在《楚辭·七諫》已經可以看出其端倪。其後，西漢

的枚乘著文，假設吳客說七件事，進而啟發楚王的太子，因此題作《七發》。從此，後代文人紛紛仿效其體，來作諷勸的文章。例如：傅毅作《七激》、張衡作《七辯》、曹植作《七啟》、王粲作《七釋》、張協作《七命》、左思作《七諷》，「七體」文章極為盛行。蕭統（昭明太子）編選《昭明文選》的時候，就把「七」列為一門；唐代史學家編纂的《隋書‧經籍志》所錄的《七林》十卷，很可能就是專收「七體」的文集。

「七體」的形式基本上是主客問答，主要是客人用七段話向對方進說。其中，前六段是初筆，最後一段才是全篇主旨。至於它的特點，有些人認為它仍然是賦，只是段落分得明顯一些而已。也正因為如此，到了唐宋「古文運動」以後，「七體」就與兩漢魏晉南北朝時代一些講究詞藻和追求華麗的文體一起衰落。

什麼是傳記文體？

傳記，也稱為「傳」，屬於廣義散文裡的一種文體，是記載人物事蹟的文章。傳記的內容，大致可以分為兩類：一類以記述歷史事蹟為主，有史傳或一般紀傳文字；另一類屬於文學範圍，多用具體化方法，描寫各種著名人物的生活經歷和精神面貌及其歷史背景，以史實為根據，但是不排斥文學描寫。傳記的類別多種多樣，主要有：

自傳——本人敘述自己生平事蹟的文字。

內傳——有兩種，一種是古代經學家把專門解釋經義的書叫做內傳；另一種是指記載傳主的遺聞逸事為主的傳記小說，例如：《隋書‧經籍志二》有《漢武內傳》。

外傳——與內傳相對而言，也有兩種，一種是古代附經作傳，廣引事例，但是不完全以解釋經義為主的書；另一種是指人物為正史（以君主傳為綱的紀傳體史書）不記載，或是正史雖然有記載而另外作傳，記其遺聞

逸事的傳記文章，例如：《趙飛燕外傳》、《高力士外傳》。

別傳——除了正式的傳記以外，文人自己所作的別人傳記，或是另外傳述某人的某些事蹟，一般稱為別傳。

列傳——司馬遷的《史記》中，用來記述一般人臣和百姓事蹟的傳記文章。

家傳——敘述先人事蹟以傳示後人的文章，或是為同宗人所寫，或是別人受其後人所託而作。

小傳——略記某人事蹟的文章，例如：唐代李商隱寫下《李賀小傳》（見《李義山集》）；還有在詩文總集的前後或附於篇首姓名之下，略述作者籍貫和履歷的文字。

正傳——為塑造的典型人物作傳的小說，例如：魯迅的《阿Q正傳》。「正傳」這個詞語，原本是從「閒話休提，言歸正傳」的套話中借用而來。

什麼是「演義」？

「演義」這個詞語，只以字面來解釋，是指敷陳義理而加以引申的意思。《後漢書‧周黨列傳》：「黨等文不能演義，武不能死君。」就是說，周黨等人，在文的方面，不能陳述意義和道理，並且從中引申治國安邦的良策；在武的方面，不能馳騁沙場，拼命殺敵，以戰死來報效國君。

至於有些書名上有「演義」二字，則是另外一回事。

「演義」是古代長篇小說的一類，由講史話本發展而來。在宋元時期，講述歷代興廢和戰爭故事，根據歷史的史實及傳說，加以敷陳，用淺顯易懂的話記錄下來，就成為講史話本，這是中國小說史上最早具有長篇規模的作品。後來，有些文人就採用這種方法，將史傳敷演成文，並且經過必要的加工而成為小說，稱為「演義」。這類作品很多，《三國演義》

就是其中最著名的一部。

歷史與演義的區別

演義小說不是歷史，演義的原意就是推演義理而加以引申，後來才成為一種小說體裁的稱謂。它的特點是根據史傳敷演成文，並且經過作者的藝術加工，簡單說，演義小說就是歷史小說。

演義小說對歷史加工大概有以下三種：第一種是用完全的藝術虛構來塑造人物的形象；第二種是根據一定的史料經過比較大的剪裁，藝術地再現歷史真實；第三種是把歷史事件透過藝術手法如實描繪。

演義小說除了給人藝術享受之外，還在一定程度上普及歷史知識。當然，這裡只以歷史概貌而言，對於一些具體情節，就不能信以為真。

什麼是「小品」？

「小品」一詞，出自古老的印度佛教經典《般若經》，後秦（十六國之一）高僧鳩摩羅什（334～413年）和他的弟子，將該書譯成漢文，比較詳盡的譯本稱為《大品般若》，比較簡略的譯本稱為《小品般若》。文學中的「小品」，從此引申而來。古代，有「六朝小品」、「唐人小品」、「明人小品」，具有雋永譬辟和簡明生動等特點，其名稱沿用至今，並且有發展，一般分為諷刺小品、歷史小品、科學小品、時事小品。

什麼是「無題詩」？

無題詩有兩個含義：一是指中國詩歌早期無標題階段中的詩，例如：

《詩經》中的作品，都是無標題的。它們只以詩篇的首句或是選擇其中的一兩個字來表示。到了《楚辭》，出現顯示全篇主題思想的標題，這種變化反映詩歌由群眾性的民間創作到作家作品的出現這個變化；另一是指後世出現的一種特意標名為「無題」的詩篇。

為什麼在詩篇立題已經成為慣例的情況下，作者還要迴避採用題目？這可能有各種情況，因隱約其辭，歸之於無題。這些詩經常有婉轉言情的一面，又有寄慨抒懷的一面，因此受到人們的喜愛。但是有些無題詩由於隱喻過深，流於晦澀費解，因此減弱它的思想藝術效果。

三 種「詩三百」

中國文學史上第一部詩歌總集《詩經》，總共收詩三百零五篇，因此號稱《詩三百》。有趣的是，印度和義大利也有《詩三百》。印度著名的《三百詠》，由抒情詩集《正道百詠》、《豔情百詠》、《離欲百詠》合印而成，作者伐致呵利，是一個貧窮的婆羅門詩人。義大利的《詩三百》，即桂冠詩人佩脫拉克的代表作《歌集》，全部為十四行詩，是詩人獻給其女友蘿拉的情詩。三種《詩三百》，都被人們譽為世界文學的瑰寶。

什 麼樣的作品稱為「處女作」？

人們通常所說的處女作，是由「處女」一詞引申發展而來，進而約定俗成。它帶有一種比喻的性質，大多用於文藝創作方面。

有些人誤認為處女作是指年輕女子或是未婚女子寫的作品，也有些人把自己寫過的第一篇文章稱為處女作，這些理解都是不準確的。處女作是指一個人初次發表的作品，這裡所說的人，當然包括男女兩性；這裡所說

的作品，必須是發表過的第一篇作品，未及發表的習作不能叫做處女作。例如：作家丁玲，學生時代曾經寫過幾首小詩，然而她的處女作是在《小說月報》上發表的短篇小說《夢珂》。

一個人的處女作，並不都是他的成名作，也未必是他的代表作，以大多數人來說，處女作往往是不太成熟的。法國作家巴爾扎克早年寫過五六部小說，但是並未「一舉成名」。真正代表他的創作成就，還是他中年以後寫成的《歐也妮·葛朗台》、《高老頭》等作品。丁玲的成名作和早期代表作應該是《莎菲女士的日記》。一個作家集自己的處女作、成名作、代表作於一部作品的情況，也還是有的。

全集、選集、文集

將元首、名人、作家、畫家等人一生所發表或是未發表過的作品，全部收集整理而按照內容或年代編成出版的圖書，稱為全集。

將作者部分有代表性的文章收集整理以後，按照內容或年代出版的多卷或單卷本，叫做選集。

將屬於同一問題、學科、範圍的有關作品或評論文章收集整理出版的圖書叫做文集，有些文集是一個作家作品的選本。

如何區分長篇、中篇、短篇小說？

字數的多少，是區別長篇、中篇、短篇小說的一個因素，但不是唯一的因素。人們通常把幾千字到兩萬字的小說稱為短篇小說，三萬字到十萬字的小說稱為中篇小說，十萬字以上的小說稱為長篇小說。這只是以字數而言，長篇、中篇、短篇小說的區別，主要是由作品反映生活的範圍和作品的容量來決定。長篇小說容量最大，最廣闊，篇幅也比較長，具有比較

複雜的結構，一般是透過比較多的人物和紛繁的事件來表現社會生活，例如：《紅樓夢》。中篇小說反映生活的範圍雖然不像長篇小說那樣廣闊，但是也可以反映一定廣度的生活面，它的人物的多寡和情節的繁簡介於長篇小說與短篇小說之間。短篇小說的特點是緊湊而短小精悍，往往只敘述一個或是幾個人物，描寫生活的一個片段或插曲。短篇小說反映生活的範圍雖然不及長篇小說和中篇小說廣闊，但同樣是完整的，有些還具有深刻而豐富的社會意義。

際安徒生文學獎的由來

當今世界上，有一項被譽為青少年文學諾貝爾獎的國際安徒生文學獎，它的創始者是萊普曼夫人。萊普曼夫人出生在德國，長期從事青少年文學和青少年圖書館事業。第二次世界大戰期間，她被迫流亡國外。戰後不久，她返回一片廢墟的祖國，深感應該加強各國青少年之間的相互瞭解，她瞭解優秀的讀物是陶冶孩子們的美好心靈和相互瞭解的有力工具。從此，她積極活動，爭取到洛克菲勒基金會和聯合國教科文組織的資助，於1948年在慕尼黑首創世界上唯一的新國際青少年圖書館，又於1951年創建國際青少年讀物委員會，總部設在瑞士。

現在已經有將近五十個國家參加，參加國都設有分部，委員會為提高青少年讀物的藝術和文學程度，為擴大發行量而積極工作。

為了獎勵長期對青少年文學做出重大貢獻的作家，委員會於1956年設立國際安徒生文學獎，每兩年評選一次。1966年，又增加繪本獎。

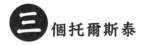 個托爾斯泰

在俄羅斯和蘇聯文學史上，有三個叫做托爾斯泰的著名作家，他們

是：亞歷克賽·康斯坦丁諾維奇·托爾斯泰（1817～1875年），俄國著名詩人和劇作家。他寫有歷史長篇小說《謝列勃良內公爵》、歷史劇三部曲《伊凡雷帝之死》、《沙皇費多爾·伊凡諾維奇》、《沙皇鮑里斯》，還有諷刺沙皇官僚的諷刺詩《波波夫的夢》。

列夫·尼古拉耶維奇·托爾斯泰（1828～1910年），19世紀後半期俄羅斯最偉大的作家。他以自己漫長一生的努力，登上當時歐洲批判現實主義文學高峰，主要代表作有長篇小說《戰爭與和平》、《安娜·卡列尼娜》、《復活》。作品透過歷史事件和家庭關係以及地主和農民之間的衝突，描繪沙皇俄國的社會生活，他的作品對歐洲文學有很大的影響。

亞歷克賽·尼古拉耶維奇·托爾斯泰（1883～1945年），著名的前蘇聯作家，剛開始是一個批判現實主義者，經過長期探索，最後成為前蘇聯社會主義文學的優秀代表之一。他用二十年心血創作的三部曲《苦難的歷程》（包括：《兩姐妹》、《一九一八年》、《陰暗的早晨》）和歷史小說《彼得大帝》兩部社會主義作品，榮獲史達林獎金。

中 國書籍裝幀的演變

中國書籍裝幀的歷史是漫長的，不同時代的書籍裝幀和名稱也不相同，按照歷史順序，可以分為以下幾種：

編：秦漢時期的書籍主要是簡策，材料是竹片或木板，用牛皮索編串成冊，名之為「編」，或是叫做「篇」。

卷：比簡策稍後一點的書籍叫做帛書，是寫在紡織品上的，每一篇帛書加軸以後捲成一卷，用細絲繩捆紮，所以取名為「卷」。漢朝末年至唐代，紙寫的書籍裝幀仍然是「卷」。

蝴蝶裝：宋元時期出現活字印刷，裝幀也向前跨進。這種方法是：將印好的書頁反折，字面相對，再把中縫的背口黏連，外面包上硬紙皮。這

樣裝幀的書籍，打開的時候猶如蝴蝶展翅，因此得名「蝴蝶裝」。

　　線裝：這是明朝中葉出現的書籍裝訂方法，即將印頁以中線折正，理齊書口，前後加封面，切齊毛邊以後，打眼，用線穿訂。這樣裝訂的書籍叫做「線裝」。

　　平裝、精裝：近代，隨著機器印刷的傳入，外國的書籍裝訂方法也為中國人仿效，這種書籍裝幀被稱為「平裝」或「精裝」。現在，除了若干古書再版或是影印採用「線裝」以表示其古樸，其他書籍大多是採用「平裝」或「精裝」。

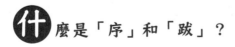 麼是軼事、佚文、掌故？

　　軼事，也寫作「逸事」，一般是指人們不太知道的事情，大多在歷史書上沒有記載過，是零散沒有經過匯集的事蹟。許多軼事在流傳的過程中，經過人們的豐富加工，有一定的文學色彩，例如：有些出版社出版的《中外作家軼事》和《中外藝術家軼事》，都屬於這一類。

　　佚文，是指失傳或散存於古籍中的文章。戰國時期魏國的史書《竹書紀年》，原本早已散失，現在編輯的《古本竹書紀年輯證》一書，是把古典書籍中關於《竹書紀年》的文章輯錄在一起，從中可以瞭解夏代到戰國時期的史實。

　　掌故，原本指舊制或舊例，也是漢代掌管禮樂制度等史實者的官名。後來一種常見的意義是指關於歷史人物和典章制度的故事或傳說。

什 麼是「序」和「跋」？

　　放在書的正文之前的是「序」，主要是說明書的內容以及與之有關的

問題。請別人寫的稱為「代序」，作者自寫的稱為「自序」。

放在書的正文後面的是「跋」，主要是敘述書的內容或是做補充說明。「跋」實際上就是「後序」，一般都由該書作者自己撰寫。

為文章或書籍作序，早在春秋戰國的時候就已經開始。「序」在古代一般是放在正文後面，到了晉代和南北朝，「序」才被移至正文前面。到了宋代，蘇東坡諱「序」字而改寫作「敘」，所以現在「序」與「敘」通用。

何 謂「年鑑」？

把某個領域內一年之內的重大事件、重要資料、文獻資料分門別類地編纂起來，供人們查閱，這就是年鑑。它是一種工具書。

中國的年鑑已經有六百多年的歷史，成書於14世紀40年代的《宋史·藝文志》中，就有《年鑑》一卷，可惜已經失傳。

人 物傳記的種類

一是自傳體傳記。這是某一個人物自己寫的記載自己的生活經歷的文章。記載自己前半生或大半生的生活經歷的一般稱為自傳，例如：《馬克·吐溫自傳》，愛新覺羅·溥儀《我的前半生》。有些是以記載自己生活中的某些片段或是某一方面的經歷為主，一般稱為自述。

二是回憶體傳記。這類傳記的作者往往是被立傳者的親屬、朋友、同事、部屬，他們主要是透過自己的回憶記載被立傳者的生平與事蹟。

三是採訪體傳記。這類傳記的撰寫人，一般與被立傳者原來並無交往，或是與被立傳者相隔幾代的後人，他們主要依靠採訪被立傳者的親

友，收集被立傳者的各類資料，然後經過作者取捨和創造，形成傳記，例如：羅曼・羅蘭《貝多芬傳》。

四是自傳體傳記和採訪體傳記融匯在一起的傳記，例如：聞名於世的瑞典電影明星英格麗・褒曼和美國作家阿倫・吉伯斯合作寫成的《英格麗・褒曼傳》。

什麼是「毛邊書」？

所謂毛邊書，就是印刷的書裝訂以後，「三面任其本然，不施刀削」。如果要看書，就要耐著性子，將書頁一一裁開，摸起來毛茸茸的，故曰毛邊。

毛邊書的優點是：讀書需要靜下心，裁一頁看一頁，也不失為靜心之法；天長日久，書會汙損，書邊汙損尤甚，如果是毛邊，裁去其「毛」仍然不損內容，而且容光煥發。從美學的角度來說，毛邊書表現的是一種樸素而大方之美。

毛邊是時代的產物，現在新書出得多，如果都出毛邊書，許多讀者會感到閱讀起來很麻煩，因此不必提倡。

什麼是「索引」？

索引，即索隱。它將圖書或報刊中的字、詞、句、人名、地名、書名、主題著錄成簡單的條目，註明其出處和卷次頁碼，按照一定的檢索方法編排成冊。我們從一套卷帙浩繁的書中找一名一事，要從頭翻到尾，既耗時又費力；成千上萬的報刊，要從中尋找某個專題的資料，也好比大海撈針。如果利用索引，就可以按圖索驥，一索即得，不僅節省時間，還有助於瞭解學術發展動向。

索引分為兩類，一是圖書索引，按照其索引的對象分為字句索引、主題索引、篇名索引、人名索引；二是報刊索引，有綜合性的和專題性的兩種。

索引的編排，有些按照學科，有些按照筆畫。使用之前務必先看編排說明，以免費時。

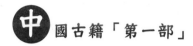 國古籍「第一部」

第一部字典是《說文解字》（東漢・許慎）

第一部詞典是《爾雅》（漢）

第一部韻文書是《切韻》（隋・陸法言）

第一部方言詞典是《方言》（西漢・揚雄）

第一部字書是《字通》

第一部詩歌總集是《詩經》

第一部文選是《昭明文選》（南朝・梁・蕭統）

第一部神話小說是《山海經》

第一部筆記體小說集是《世說新語》（南朝・宋・劉義慶）

第一部論語體著作是《論語》

第一部編年體史書是《春秋》

第一部紀傳體史書是《史記》（西漢・司馬遷）

第一部斷代體史書是《漢書》（東漢・班固）

第一部歷史評論著作是《史通》（唐・劉知幾）

第一部兵書是《孫子兵法》（春秋・孫武〔一說孫臏〕）

第一部古代制度史是《通典》（唐・杜佑）

第一部農業百科全書是《齊民要術》（北魏・賈思勰）

第一部農工業生產技術論著是《天工開物》（明・宋應星）

第一部茶葉專著是《茶經》（唐・陸羽）

第一部植物學辭典是《全芳備祖》（南宋・陳景沂）

第一部藥典書是《神農本草經》（秦漢時期）

第一部中醫學書籍是《黃帝內經太素》（唐・楊上善）

第一部地理書是《禹貢》（戰國）

第一部建築學專著是《營造法式》（北宋・李誡）

第一部珠算介紹書是《盤珠算法》（明・徐心魯）

第一部最大的斷代詩選是《全唐詩》（清・彭定求等人）

第一部繪畫理論著作是《古畫品錄》（南朝・齊・謝赫）

第一部戲曲史是《宋元戲曲史》（清・王國維）

第一部系統的戲曲理論著作是《閒情偶寄》（清・李漁）

第一部圖書分類目錄是《七略》（西漢・劉歆）

第一部文藝理論書是《文心雕龍》（南朝・梁・劉勰）

第一部彙編古代文化典籍的書是《永樂大典》（明・解縉等人）

 國十大古典悲劇和喜劇

　　由廣州中山大學教授王季思主持的中國古典悲劇和喜劇編輯組，經過廣泛徵求意見，提出中國十大古典悲劇和喜劇。

　　十大古典悲劇是：

　　《竇娥冤》（元）關漢卿

　　《漢宮秋》（元）馬致遠

《趙氏孤兒》（元）紀君祥

《琵琶記》（明）高明

《精忠旗》（明）馮夢龍

《嬌紅記》（明）孟稱舜

《精忠譜》（清）李玉

《長生殿》（清）洪昇

《桃花扇》（清）孔尚任

《雷峰塔》（清）方成培

十大古典喜劇是：

《救風塵》（元）關漢卿

《牆頭馬上》（元）白樸

《西廂記》（元）王實甫

《李逵負荊》（元）康進之

《看錢奴》（元）鄭廷玉

《幽閨記》（元）施惠

《中山狼》（明）康海

《玉簪記》（明）高濂

《綠牡丹》（明）吳炳

《風箏誤》（清）李漁

什麼是「四書」和「五經」？

「四書」和「五經」是中國古代儒家的經典著作。

「四書」是南宋淳熙年間（1174～1189年）的理學家朱熹從《禮

記》一書中，提出《大學》和《中庸》兩篇獨立成書，與《論語》和《孟子》合成「四書」，也叫做「四子書」。

《大學》闡述儒家的倫理、政治、哲學的基本觀點。

《中庸》相傳為孔子之孫、戰國初期哲學家子思所作。書中肯定「中庸」是人們道德思想的最高標準，要求人們無論在任何時間和地點及各種條件下，都要不偏不倚地實行「中庸之道」。它是儒家思想和倫理的一部教科書。

《論語》是孔子弟子及其再傳弟子所編纂，書中記錄孔子和他的一些弟子在政治主張、教育原則、品德修養等方面的言論。

《孟子》是孟子及其弟子萬章等人所著，一說是孟子弟子及其再傳弟子的記錄，是關於孟子的政治活動、政治學說、哲學思想的記錄。

「五經」始稱於漢武帝時期，是《詩》、《書》、《禮》、《易》、《春秋》五本書的合稱。《詩》是中國最早的詩歌總集，儒家經典之一，因此稱為《詩經》。《詩經》編成於春秋時期，保存從西周初期到春秋中葉的三百零五首詩歌。《詩經》的內容非常豐富，它反映當時社會各個階層的生活與經濟制度和勞動生產等情況。

《書》也稱為《尚書》或《書經》。「尚」即「上」，意指上古時代的書。它保存商周時期的一些重要史料，相傳由孔子選編而成。

《禮》有《儀禮》、《周禮》、《禮記》，合稱「三禮」。《周禮》收集周王室官制和戰國時期各國制度，添附儒家政治思想，增減排比而成的彙編，是戰國時期的作品。《儀禮》，也稱為《禮經》或《士禮》，是春秋戰國時期部分禮制的彙編，一說是周公製作，孔子編訂。《禮記》是秦漢以前各種禮儀論著的選集，相傳是西漢戴聖編纂，所以又叫做《小戴記》或《小戴禮記》。

《易》也稱為《易經》或《周易》。這本書透過八卦形式來推測自然和社會變化，認為陰陽兩勢力的相互作用是產生萬物的根源，具有辯證法

的成分。

《春秋》是中國第一部編年體史書，相傳是孔子依據魯國史官所編《春秋》修訂而成。

紅 學一詞的由來

很多人都知道「紅學」是研究《紅樓夢》的一門科學，但是「紅學」一詞最早出自何人之口，說起來，這還是一個笑話！

自從清朝乾隆以後，社會上許多人熱衷於研究「經學」，埋頭鑽研《易》、《詩》、《書》、《禮》、《春秋》等幾部經書。當時，有一個叫做朱昌鼎的人，也是一個小有名氣的學者。但是他卻對經學不感興趣，而是喜歡看小說，特別是《紅樓夢》，他更是愛不釋手，無比精熟。有一次，他的朋友問他：「你怎麼不研究『經學』？」他說：「我也在研究『經學』，少『一畫三曲』而已。」朋友不解，問他研究的經學少「一畫三曲」是怎麼回事。他笑著說：「我研究的『經學』少『一畫三曲』，就是『紅學』啊！」原來，他研究的「經學」少「一畫三曲」，那就是「紅學」。

何 謂「十才子書」？

所謂「十才子書」，是指以下十部作品：一、《三國演義》，二、《好逑傳》，三、《玉嬌梨》，四、《平山冷燕》，五、《水滸傳》，六、《西廂記》，七、《琵琶記》，八、《花箋記》，九、《斬鬼記》，十、《三合劍》。它們之中有小說、傳奇、戲曲，有第一流的小說《三國演義》、《水滸傳》，有優秀的戲曲《西廂記》、《琵琶記》，但是也有濫竽充數的《三合劍》。即使名列第二的《好逑傳》和名列第三的《玉嬌

梨》與名列第八的《花箋記》，也由於格調不高，落入才子佳人小說的俗套，在中國文壇的影響極小。因此，所謂「十才子書」的選擇和排列，本身就是荒唐可笑的。有些人說此出自金聖歎，恐怕不真確。

何 謂「經典作家」？

要說「經典作家」，就要從「經典」這個詞語談起。西晉史學家陳壽《三國志・魏書・高貴鄉公傳》有一段話：「自今以後，群臣皆當玩習古義，修明經典。」出現「經典」一詞。意思是：從今以後，諸位大臣都應該通曉古代的歷史，潛心鑽研聖人賢哲的著作。於是，「經典」這個詞語隨之世代沿襲相傳，一直使用到現在。如果按照《說文解字》的解釋，「經」、「典」是一種富有指導意義和值得仿效的準則。「經典著作」是那些在一定的時代和一定的社會歷史條件下最重要和最富有指導作用的著作。寫出「經典著作」的作家，人們就稱他是經典作家。

什 麼是「叢書」？

叢書，或是稱為叢刊、叢刻、彙刻書、套書，是把各種單獨的著作匯集起來，給它冠以總名的一套書籍，其形式分為綜合性的和專門性的兩種。

中國的叢書，一般認為始於南宋，俞鼎孫和俞經的《儒學警語》可以算是叢書的鼻祖，它刻於1201年，以後各代多有編纂，比較有名的叢書是：《四庫全書》、《四部叢刊》、《四部備要》。其中《四庫全書》的篇幅之大，堪稱中國古代叢書之最，共收書三千五百零三種，七萬九千三百三十七卷，約九億九千七百萬字。當時，《四庫全書》沒有刻印，全書只繕寫七部，曾經分藏於清代的七大藏書閣。

查找古代叢書目錄及其子目，最完備的工具書是《中國叢書綜錄》，還有《叢書大辭典》、《叢書子目索引》、《叢書子目書名索引》。

在古代，叢書大多為綜合性的叢書。隨著科學文化的發展，各種專門性的叢書相繼出現。現在，各出版社都注意出書的系統性和完整性，加強叢書的出版。

文摘的起源

文摘起源於西元前三千六百年的蘇美文化時期，當時是用楔形文字記載在濕黏土表面上，經過燒製以後保存下來的黏土板。二十世紀初期，世界刊行的文摘雜誌已經超過六十種。各國於19世紀末期在普遍編輯出版文摘雜誌的基礎上，又大步向前發展。法國於1939年創刊全學科綜合文摘刊物，前蘇聯於1953年創刊包括自然科學全領域的文摘雜誌。根據統計，目前世界文摘刊物達三千五百種以上，目前銷售量最大的文摘是美國印行的《讀者文摘》。

回憶錄的由來

回憶錄，顧名思義，就是回憶過去的事情，並且用文字記錄下來。準確地說，回憶錄是追記本人或其他人過去生活經歷和社會活動的一種文體，具有文獻的價值。

在西方，很早就出現回憶錄這種文體。西元前4世紀，古希臘哲學家蘇格拉底的學生色諾芬寫了一本書，比較完整而忠實地記載蘇格拉底的言論和經歷，書名就叫做《回憶錄》。這可能是歷史上最早以回憶錄題名的一本書。

在中國，撰寫回憶錄的歷史也十分悠久。儒家經典《論語》，就是一

部帶有回憶錄性質的著作。西漢史學家司馬遷的《太史公自序》，可以看作是一篇回憶錄文章。古人撰寫的一些弔唁文章和墓誌銘，也帶有回憶錄的性質。

圖書的由來

圖書，顧名思義，即指有圖之書。書中有插圖，在古代早已有之，清人葉德輝在《書林清話》記載：「古人以圖書並稱，凡有書必有圖……《隋書・經籍志・禮類》有《周官禮圖》十四卷。」可見，當時雖然還沒有發明印刷術，但是給書籍插圖已開先例。

到了宋代，印刷術盛行以後，書中有圖更為多見。在甘肅敦煌石窟發現的《金剛經》，是唐代咸通九年（868年）所刊，卷首就有一幅十分精美的佛說法圖。宋代末期以後，繪圖書籍更為廣泛，水準更高，例如：《三國演義》的附圖達二百四十幅之多，清代的《避暑山莊圖詠》等書多以圖文並重。這樣世世代代相傳下來，書籍又叫做圖書。

方志學的由來

方志是地方史志的簡稱，它是彙編某一地區古今事情的百科全書，例如：縣志、市志、府志、省志。

「方志」一詞，最早見於《周禮》。清朝時期，編修方志進入全盛時期。一些學者在編修方志的過程中，針對如何編修方志的問題展開爭論，對方志的理論研究有很大促進。

由此形成以戴震為首的地理學派及以章學誠為首的歷史學派，後人又稱他們為舊派與新派。由於這兩大學派的爭論，方志開始從地理學脫化出來，形成史學一個重要組成部分——方志學。

因為章學誠既澄清方志與專門地理志的性質區別，又肯定方志學有考察記載地貌的任務和特性，後人把他看作是方志學理論的奠基人，他的這個理論也是清朝史學理論的偉大成就之一。

方志既可以補充國史的不足，又可以為修國史提供豐富而全面的史料，它對各類學科的專門研究和旅遊業的發展，都具有不可估量的作用。

中國的「四部分類法」

「經、史、子、集」是中國古代的圖書分類法，也叫做「四部分類法」。

經部是指儒家經典，漢代開始稱《詩》、《書》、《易》、《禮》、《春秋》為「五經」。唐代把《周禮》、《禮記》、《儀禮》、《公羊傳》、《穀梁傳》、《左傳》、《詩》、《書》、《易》稱為「九經」。唐代又把《孝經》、《論語》、《爾雅》列入經部。宋代又將《孟子》列入，稱為「十三經」。

史部是指記載歷史興廢治亂和各種人物以及沿革的歷史書，例如：《史記》、《漢書》。

子部是指記錄諸子百家及其學說的書籍，例如：《莊子》、《韓非子》。

集部是指匯集幾個作者或一個作者的詩文集，例如：《唐五十家詩集》。

中國史學八大家

左丘明：春秋時期魯國人，著有《左傳》，編年體史書創始人。

司馬遷：西漢人，作《史記》，首創正史紀傳體。

班固：東漢人，著《漢書》，開創斷代史體例。

劉知幾：唐代人，編著《史通》，中國第一個史學批評家。

杜佑：唐代人，著有《通典》，中國第一個記敘典章制度的通史。

司馬光：北宋人，編成《資治通鑑》，編年史第一部巨著。

袁樞：南宋人，著《通鑑紀事本末》，創立紀事本末的體裁。

顧炎武：明清時期學者，著有《天下郡國利病書》。

竹林七賢是哪些人？

「竹林七賢」，是指魏晉期間的七個文人名士：嵇康、阮籍、山濤、向秀、阮咸、王戎、劉伶。《魏氏春秋》記載，這七個人「相與友善，遊於竹林」，號為「七賢」。

「竹林七賢」中，值得注意的作家是嵇康和阮籍。其他五人，只有山濤、向秀、劉伶有作品留至現今，而且數量很少，成就不及嵇康和阮籍。嵇康和阮籍神交契合，他們在思想領域和文學領域上的成就，都與對司馬氏的政治鬥爭密切關聯。

嵇康在文學上的主要成就是散文，《與山巨源絕交書》是他的著名散文之一。阮籍在文學上的主要成就是詩歌，他有《詠懷詩》82首。嵇康和阮籍在作品中，著意宣揚老莊的虛無思想。

筆之十八種

提筆撰文是「命筆」；自己寫的文字是「親筆」；寫作中斷是「輟筆」；別人口授寫成的文字是「代筆」；集體討論，一個或幾個人起草

的文字是「執筆」；練習性的寫作是「練筆」；特別精彩的文字是「妙筆」；表現文章筆法和寫作技巧是「文筆」；文章中預作提示或暗示，使之前後呼應是「伏筆」；寓意含蓄不便直敘的文字是「曲筆」；寫的與題目無關的文字是「閒筆」；特別細緻的描繪是「工筆」；使文章冗長的文字是「贅筆」；作品中寫得不好的地方是「敗筆」；寫作造詣很高的作家，其作品是「大手筆」；無拘無束的寫作是「信筆」；對某些方面有所感想，隨手筆錄，不拘一格的文章是「隨筆」；正文結束以後的補充性文字是「餘筆」。

小學一詞的由來

「小學」這個名稱，來自於漢代。班固根據劉歆《六藝略》在《漢書‧藝文志》中，把古字書及漢朝時期所作字書列為「小學」類，並且說：「古者八歲入『小學』，故周官保氏掌養國子，教之六書（即漢字的六種造字法）。」據此，「小學」初指學童開始讀書識字和識字課本一類的書籍。

古人非常重視「識字」，認為掌握一個字的音、形、義三方面才算是認識一個字，所以把學童的識字及有關的類書，稱為「小學」，意思是：這是塾師講授和學童學習的基礎課程。到了漢代，由於秦王朝的焚書和秦漢之際的長期戰亂，中國文化傳統幾乎中斷，古籍和古字書中的文字本來是兒童就可以認識的，可是當時大多數人已經不認識，因此學習和研究古文字就成為某些人的當務之急或專門職業。

漢代人把學習和研究古文字也叫做「小學」。從此，「小學」這個名稱就成為一門研究文字的學科。直到清朝末年，章太炎才把它改為「文字學」。後來，研究文字的人對文字的音形義三方面各有所專，於是「文字學」又分為「文字學」、「音韻學」、「訓詁學」三門獨立的學科。所

以，從前把「文字學」稱為「小學」，「小學」之名即由此而得。

詩人的五個別稱

詩仙：唐代詩人李白詩風雄奇豪放，世人稱為「詩仙」。

詩聖：明清文人把杜甫稱為「詩聖」，葉燮《原詩》有詩句「詩聖推杜甫」。

詩豪：指詩人中的英豪。《新唐書・劉禹錫列傳》：「素善詩，晚節尤精，與白居易酬復頗多。居易以詩自名者，嘗推為詩豪。」

詩魔：指酷愛作詩的人好像著魔一般，也指作詩的癖好和興致。白居易在《與元九書》曾經說：「知我者以為詩仙，不知我者以為詩魔。」

詩囚：指苦吟的詩人。元好問在《放言》詩中寫道：「長沙一湘纍，郊島兩詩囚。」郊，指孟郊；島，指賈島。

史丹佛大學的由來

一百多年以前，利蘭・史丹佛和他的夫人為了哀悼他們的獨子的逝世，創辦一所大學。這所大學後來為好幾代青年提供良好的生活和學習條件，產生著名的科學家。1984年，瑞典國王卡爾十六世訪問這所學校的時候，竟然有十位在世的諾貝爾獎金得主與他一起照相。

利蘭・史丹佛是加州共和黨的組織者之一。1862年，他38歲的時候，被選為加州州長。他做過律師和商人，曾經建造美國中央太平洋鐵路。1884年，他們未滿16歲的獨子和他們一起在歐洲旅遊時，因為傷寒死於義大利的佛羅倫斯。為了紀念無緣進入大學的兒子，他們決定建立一所大學。

1882年10月4日，利蘭・史丹佛簽署八千八百英畝的土地贈與書，當時價值二千萬美元，由二十四人組成的第一屆董事會接受。1887年5月14日，在他們的兒子19歲生日那天，放下建立學校的基石。1891年10月1日開始上課，當時有五百五十五名新生。1985年，史丹佛大學在一萬七千六百五十三名考生中，錄取二千五百零六人。

千零一夜為什麼又譯作天方夜譚？

《一千零一夜》：阿拉伯民間故事集，又譯作《天方夜譚》。《一千零一夜》的名稱，出自這部故事集的引子。

相傳，古代印度與中國之間有一個薩珊國，國王山魯亞爾因為痛恨王后與人私通，將其殺死，此後每日娶一個少女，翌晨即殺掉。宰相的女兒山魯佐德為拯救無辜的女子，自願嫁給國王，用每夜講述故事的方法，引起國王興趣，免遭殺戮。她的故事講了一千零一夜，終於使國王感化。

阿拉伯半島西部麥加城，有克爾白古廟，亦稱天房。中國史稱阿拉伯國家為大食，自明朝開始改稱天方國，「天方」是「天房」的意譯。阿拉伯人最喜歡聽故事，月朗星稀之夜，經常圍坐一起，或吟誦詩歌，或講述故事。這就是中國《天方夜譚》譯名的由來。

什麼是「二十四史」與「二十五史」？

清朝乾隆年間編輯《四庫全書》，詔定二十四部史書為正史，稱為二十四史。二十四史是：《史記》、《漢書》、《後漢書》、《三國志》、《晉書》、《宋書》、《南齊書》、《梁書》、《陳書》、《魏書》、《北齊書》、《周書》、《隋書》、《南史》、《北史》、《舊唐書》、《新唐書》、《舊五代史》、《新五代史》、《宋史》、《遼

史》、《金書》、《元史》、《明史》。

1920年，徐世昌以大總統的名義，下令把《新元史》列入正史，於是又有「二十五」史之說。

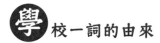 **校一詞的由來**

中國的學校，起源悠久，一直可以追溯到夏、商、周時代。《禮記·學記》記載：「古之教者，家有塾，黨有庠，術有序，國有學。」塾、庠、序、學即是周代學校的名稱。

周代，百里之內二十五家為閭，同共一巷，巷首有門，門邊有塾，塾即門外舍也，由於人們朝夕出入，受教於此，塾就成為學校的代稱。以此類推，五百家為黨，設庠；一萬二千五百家為術，設序；天子之都及諸侯國設學，逐級升高。後來，人們專稱塾為私人設立的學校，叫做私塾。庠和序成為鄉學之名。學和校合併，成為學校的通稱，一直沿用到現在。

老 師名稱的由來

何謂師？《說文解字》注曰：「師，教人以道者之稱也。」現在的師，一般指直接從事教育工作或是其他傳授知識技術的人，也泛指在某個方面值得學習的人。

從史書中看，先秦時期就有師傅、師長、先生的稱謂，一直沿用至今。

至於「老師」，原本是對年輩最高學者的稱呼，《史記·孟子荀卿列傳》：「齊襄王時，而荀卿最為老師……」後來，人們習慣地把「老」與「師」並稱，逐漸不再管年齡的大小，一概稱教師為老師。

明清兩代，曾經稱主考官為老師；清朝末年辦學堂，稱教師為教習；辛亥革命以後，因為教師與其他官員一樣依法令任免，所以又稱教師為教員。

師範一詞的由來

「師」的名稱，在夏、商、周時代就有。「師」字最早出現在甲骨文中，甲骨文中有「文師」之稱。後來，西漢董仲舒使用「師」一詞，司馬遷使用「師表」一詞，他們都看重在師的表率作用這一點上。西漢末年，揚雄在《法言》敘述：「師者，人之模範也。」他第一次將「師」和「範」聯繫起來，明確強調教師負有的塑造教育對象的重大責任。

先生一詞的由來

「先生」這個稱呼由來已久，但是歷史上各個時期，對「先生」這個稱呼的對象不同。《論語‧為政》：「有酒食，先生饌。」注解：「先生，父兄也。」意思是：有酒肴，就孝敬父兄。《孟子‧離婁上》：「先生何為出此言也？」這裡的「先生」，是指長輩而有學問的人。到了戰國時期，《戰國策‧魏策四》：「先生坐，何至於此？」都是稱呼有德行的長輩。

第一個用「先生」稱呼老師，始見於《禮記‧曲禮》：「從於先生，不越路而與人言。」注解：「先生，老人教學者。」現在稱教師為「先生」，即本於此。

漢代，「先生」之前加上「老」字。

清朝初年，稱相國為老先生，到了乾隆以後，官場已經少用老先生這個稱呼。

辛亥革命以後，老先生這個稱呼又盛行起來。交際場合中，彼此見面，對老成的人，都稱呼為老先生。

桃李的由來

人們喜歡把老師培養出來的學生稱為「桃李」，把老師教育和培養的眾多學生稱為「桃李滿天下」。為什麼要把學生稱為「桃李」？有這麼一段故事：春秋時期，魏國有一個大臣叫做子質，他得勢的時候，曾經培養和保舉許多人，後來他得罪魏文侯，就獨自跑到北方。

在北方，子質遇見一個叫做簡子的人，就向他發牢騷，埋怨自己培養的人不肯為他出力，以至於流落北方。簡子笑著說：「春天種下桃樹和李樹，夏天可以在樹下休息納涼，秋天還可以吃到果子。可是你春天種下的是蒺藜（一種帶刺的植物），不僅無法利用它的種子，秋天長出的刺還會刺人。所以君子培養人才，要像種樹一樣，應該先選準對象，然後再加以培養。」爾後，人們就把培養人才稱為「樹人」，例如：「十年樹木，百年樹人」；把培養出來的優秀人才稱為「桃李」，因為老師教的學生多，所以稱為「滿天下」。

舌耕的由來

「舌耕」的出處，源於東漢經學家賈逵的故事。

賈逵從小聰慧過人，5歲那年，隔壁老先生教學生念書，他隔著籬笆一邊靜聽，一邊小聲朗誦，一年四季，從來不間斷。賈逵隔籬偷學五年，10歲的時候，已經熟讀經書。由於家境貧寒，無錢買紙，賈逵剝下庭中桑樹皮做書板，有時候還把字寫在門扇或屏風上，一邊背誦一邊記憶，不滿一年，把《左傳》和《五經》讀完。

賈逵長大出仕以後，遠近許多人都向他求教，他口授經文，誨人不倦，酬勞經常導致穀米滿倉。因為他的報酬是以口授經文而得，所以人們把教書稱為「舌耕」。

留學生一詞的由來

「留學生」一詞的使用，開始於日本人。唐代，日本政府派遣使臣來中國汲取先進文化，由於使臣是外交使節，不便在中國滯留時間過長，為了保證充分地汲取中國文化，日本政府第二次派遣遣唐使的時候，同時派遣「留學生」與「還學生」。「留學生」是當遣唐使回國以後仍然留在中國學習的學生，「還學生」是跟隨遣唐使一同回國的學生。「留學生」一詞，就這樣被沿用下來。

什麼是「伊甸園」？

「伊甸園」出自《舊約全書·創世紀》的神話故事。

上帝把地上的塵土造成人形，然後吹進生命的氣息，這個土人就變成有靈魂的活人，他就是最早的男人亞當。為了安置亞當，上帝在伊甸的東邊開闢一個園子，這就是伊甸園。

園中長有生命樹和分別善惡樹，上帝要亞當看管，並且吩咐他：「園中的各種果子都可以吃，只有那棵分別善惡樹的果子不能吃，吃了必死。」上帝要給亞當配置一個助手，就在他沉睡的時候從他的身上取出一根肋骨，造成一個女人，她就是夏娃，於是亞當和夏娃結為夫妻。

後來，夏娃在蛇的欺騙挑唆下，偷吃分別善惡樹的果子，還把果子送給丈夫亞當吃。上帝發現以後，對他們進行懲罰。為防止他們偷吃生命樹的果子，上帝把亞當趕出伊甸園，要他歸於塵土，耕種土地。

這個神話廣泛流傳於歐洲，許多文學作品引用這個神話故事，把伊甸園比喻為生命之根。

學習小考

「學」字最早見於商代甲骨文，上半部像兩手擺弄算籌，下半部像房子，房子裡面是童子。《禮記‧內則》：「六年教之數與方名」，也就是說，兒童到了6歲，就開始教他計算和方位名稱。這與學的字形十分吻合。

「習」字，上半部的「羽」表示鳥的兩隻翅膀，下半部的「⊙」表示日光。鳥在日光中飛翔，兩隻翅膀不斷地反覆地扇動，所以「習」又引申為「重複」。《說文解字》：「習，數飛也。」就是這個意思。

春秋末年，孔子說：「學而時習之，不亦說乎。」反映「學」和「習」結合的趨勢。「學」和「習」正式合為一個固定片語，則是戰國時期的事情，最初見於《禮記‧月令》「鷹乃學習」。

文學泰斗是什麼意思？

文學泰斗是指有名望和影響力，被人們所景仰的文學家。「泰斗」是「泰山、北斗」的簡稱。根據《新唐書‧韓愈傳》記載：唐朝文學家韓愈，善於寫古文。他死後，其文章廣為流傳，當時的學者「仰之如泰山、北斗」。

起初，人們把韓愈比喻為「泰山、北斗」，是表示對這位文學家的推崇和景仰之情，後來就用「泰山、北斗」來比喻在某一方面成就優異，在社會上有名望和影響力的人。

印度的泰戈爾，是著名的作家和詩人，他的創作對印度近代文學的發展有重要的影響，所以人們經常稱他為近代印度的文學泰斗。

古代的幾種尊稱

「父」，本義不是父親，而是父系氏族社會中司火的長者，後來成為男子的尊稱。在古代，不僅一般人，就是帝王對大臣中某些功高位重者也尊稱為「父」。例如：周代的呂尚（俗稱姜太公），被周武王尊為尚父；春秋時期的管仲，被齊桓公尊為仲父；項羽的謀士范增，為項羽亞父。

「公」，也是對男子的尊稱。在古代，不僅貴族之間，平民之間也稱為「公」。甚至父親對兒子說話，有時候也以「公」相稱，用以表示慎重。例如：鼂錯的父親曾經對鼂錯說：「公為政用事⋯⋯吾去公歸矣。」

「子」，古代也是尊稱，專門用於學生對老師的尊稱，例如：北宋時期，程頤的弟子稱程頤「子程子」。「子」，也稱女性。

「長者」，也是古代常用的尊稱。「長者」並不是年長，而是有德行受到尊敬之人。

「卿」，在古代稱謂中，有時候用為官爵，但也是一種尊稱。君稱臣為「卿」，在戲曲舞台上還可以聽到。夫妻之間稱「卿」或「卿卿」，在詩詞中經常可以見到。

古人寫作的體例

古人寫作的體例，大致可以分為「著作」、「編述」、「抄纂」三大類。

按照古代的要求，「著作」是指創造性的文章而言。前人沒有闡發或

記載的第一次出現的文章或書籍，才可以稱為「著作」。

「編述」，在許多可以憑藉的資料基礎上，加以提煉製作的文章，就像現在的「改編」。

「著作」，古代稱為「作」；「編述」，古代稱為「述」。孔子的「述而不作」，嚴格區分這兩種體例。

「抄纂」，資料的彙編，古代稱為「論」。「論」的本字應該是「侖」，排列或編纂成輯之意。

書 店的來歷

「書店」一詞，早些時候叫做「書局」，古代叫做「書肆」。「書肆」之名，最早始於漢代，還有「書林」、「書鋪」、「書棚」、「書堂」、「書屋」、「書籍鋪」、「經籍鋪」等名稱，它既刻書又賣書。古代「書店」也有直接稱呼規模大小，例如：「富文堂」、「養正齋」、「鴻運樓」、「崇文閣」之類。這些名號，除了統稱「書肆」以外，宋代以後也統稱為「書坊」。

「書店」之名，最早見於清朝乾隆年間，距今已經有三百多年。

什 麼是珍本、抄本、孤本？

讀書（特別是古書）要懂得一些知識，例如：瞭解什麼是珍本、抄本、孤本……

珍本：珍貴的書籍或文學資料，例如：罕見的文獻，極有價值的古舊圖書資料。珍本貴在「難得」。

抄本（寫本）：手抄的書籍。現存最早的抄本書，是西晉元康六年寫

的佛經殘卷，因為當時還沒有印刷術。《永樂大典》和《四庫全書》，卷帙浩繁，一時難以刊刻。

抄本經常因為是名家手跡、接近原稿、保存完整等原因，十分珍貴，例如：鑄雪齋抄本《聊齋志異》，保存篇章比較多，原稿卻散失一半，因此成為刊印該書的主要依據。

孤本：僅存一本的圖書，也包括僅存一份的某書的某種碑刻的舊拓本和未刊刻的手稿。現存世界最早的印刷品——中國唐代（西元868年）印刷的《金剛經》卷子，就是孤本。

古籍名稱的由來

初涉古籍的人，往往為古籍的名稱所惑，不知道是什麼意思。其實，古人著作集名的由來，也是有規律可循。

以作者本名做集名，例如：唐代詩人杜審言的詩集稱為《杜審言集》。

以作者的字或別號做集名，例如：曹植，字子建，集名《曹子建集》。

以作者的籍貫做集名，例如：唐代張九齡為曲江（今屬廣東）人，集名《曲江集》。

以作者曾經居住的地名做集名，例如：杜牧有別墅在樊川，集名《樊川文集》。

以作者的官銜做集名，有些是用作者曾經擔任官職中最高的官銜做集名，有些則以作者詩文創作比較多或是成名時的官銜做集名，有些是以作者做官時所在的地名做集名，例如：杜甫一生最高曾經擔任檢校工部員外郎，集名《杜工部詩集》。

以作者的封號或諡號做集名，例如：南北朝時期，謝靈運襲封康樂

公，集名《謝康樂集》；北宋司馬光封溫國公，諡文正，集名《溫國文正司馬公集》。

以作者的堂名或室名做集名，古代士大夫除了住室之外，還有專門讀書和藏書的處所，多以堂、室、齋、居、軒、亭、庵、館為名，並且以此給自己的文集取名，例如：明代湯顯祖家有玉茗堂，集名《玉茗堂全集》；清代袁枚居處築有隨園，集名《隨園詩話》。

以成書年代做集名，例如：唐代白居易和元稹的詩文集編於穆宗長慶年間，集名《白氏長慶集》、《元氏長慶集》。

以上幾種命名方法，有時候交互使用，就會造成同書異名的現象。

袖珍本的來歷

在出版物中，人們通常把那些版本比較小的書籍稱為袖珍本。你知道袖珍本的來歷嗎？早在漢晉時期，中國就有版本比較小的書籍，叫做《巾箱本》。巾箱，是古時候裝頭巾的小篋，書籍可以放在巾箱裡面，可見其小。清代乾隆年間，武英殿刻印的《經史》，剩下許多小版本頭，棄之可惜，於是仿造古人巾箱之意，刻印武英殿袖珍本書《古香齋袖珍十種》，這就是袖珍本這個名詞的來歷。

現在，出版發行的一些工具書，例如：字典、英語辭彙手冊、地圖、英漢小詞典，也有很多袖珍本。

十二位名人奮鬥時間表

俗話說：「涉淺水者得魚鱉，入大海者擒蛟龍。」請看十二位名人的奮鬥時間表：

曹雪芹寫《紅樓夢》：10年

孔尚任寫《桃花扇》：5年

司馬遷寫《史記》：8年

司馬光寫《資治通鑑》：19年

談遷寫《國榷》：27年

密爾頓寫《失樂園》：27年

達爾文寫《物種起源》：28年

哥白尼寫《天體運行論》：30年

徐霞客寫《徐霞客遊記》：34年

摩根寫《古代社會》：40年

馬克思寫《資本論》：40年

歌德寫《浮士德》：60年

關於妻子的各種稱呼

小君：最早稱為諸侯的妻子，後來作為妻子的通稱。

細君：從字面上看比較文雅，但是意思與「小君」相同。

內人、內子：從前丈夫對別人謙稱自己的妻子。源出於舊觀念，認為男子主外，女子主內。

室人：多數是對別人妻子的稱呼。

拙荊、山荊：源出「荊釵布裙」，原本是指東漢梁鴻的妻子孟光樸素的服飾，後人用來作為妻子的謙詞。

荊妻、荊室：除了表示自謙，還有貧寒之意。

髮妻：古時候婚喜之日，男女都要結髮為髻，男子從此把頭髮挽在頭

頂上，為表示是原配，稱妻子為「髮妻」。

糟糠之妻：表示曾經與自己同甘苦共患難的妻子，源出東漢宋弘所說「貧賤之知不可忘，糟糠之妻不下堂」。

繼室、續弦：古人經常以琴瑟比喻夫妻關係，所以將妻歿再娶稱為「續弦」。

內助、中饋：指家庭事務包括伙食在內，均由妻子操持，帶有封建夫權的色彩。稱「賢內助」是尊稱。

內掌櫃、內當家：古時候稱掌權的妻子為「內掌櫃」和「內當家」，後來作為恭維別人妻子的稱呼，以及自己對妻子的愛稱。

堂客：江南一些地方對妻子的稱呼。

家裡、屋裡：中國南方一些地區對妻子的稱呼。

太太：人們對官員豪紳妻子之稱呼。

夫人：原本是對古代諸侯妻子的稱呼，近代在外交場合也用於對別人妻子的尊稱。

至於妾、姬、小妻、小星、如妻、如夫人、側室、偏房、副妻，均為古時候對小老婆的稱呼。

海鴿文化出版圖書有限公司
Seadove Publishing Company Ltd.

作者	黃蓉
美術構成	驊賴耙工作室
封面設計	斐類設計工作室
發行人	羅清維
企劃執行	張緯倫、林義傑
責任行政	陳淑貞

出版	海鴿文化出版圖書有限公司
出版登記	行政院新聞局局版北市業字第780號
發行部	台北市信義區林口街54-4號1樓
電話	02-27273008
傳真	02-27270603
E-mail	seadove.book@msa.hinet.net

總經銷	創智文化有限公司
住址	新北市土城區忠承路89號6樓
電話	02-22683489
傳真	02-22696560
網址	www.booknews.com.tw

香港總經銷	和平圖書有限公司
住址	香港柴灣嘉業街12號百樂門大廈17樓
電話	（852）2804-6687
傳真	（852）2804-6409

CVS總代理	美璟文化有限公司
電話	02-2723-9968
E-mail	net@uth.com.tw

出版日期	2021年08月01日　二版一刷
定價	300元
郵政劃撥	18989626　戶名：海鴿文化出版圖書有限公司

青春講義 123

學富五車・才高八斗
很冷很冷的冷知識

國家圖書館出版品預行編目（CIP）資料

學富五車，才高八斗，很冷很冷的冷知識 ／ 黃蓉作 ；
-- 二版. -- 臺北市 ： 海鴿文化，2021.07
面 ； 公分. -- （青春講義；123）
ISBN 978-986-392-382-4（平裝）

1. 常識手冊

046　　　　　　　　　　　　　　　110007929